The Arrival Kit
새로운 삶

By Ralph W. Neighbour, Jr.
이수관 · 최병희 역

The Arrival Kit
새로운 삶

초판 1쇄 발행 2018년 12월 30일
초판 12쇄 발행 2025년 3월 10일

지은이 Ralph W. Neighbour, Jr.
발행인 김용성

펴낸곳 요단출판사
등 록 1973. 8. 23. 제13-10호
주 소 07238) 서울특별시 영등포구 국회대로 76길 10
기 획 (02)2643-7390
보 급 (02)2643-7290
Fax(02)2643-1877

값 13,000원
ISBN 978-89-350-1732-4 03230

The Arrival Kit

새로운 삶

By Ralph W. Neighbour, Jr.
이수관 • 최병희 역

요단
JORDAN
PRESS

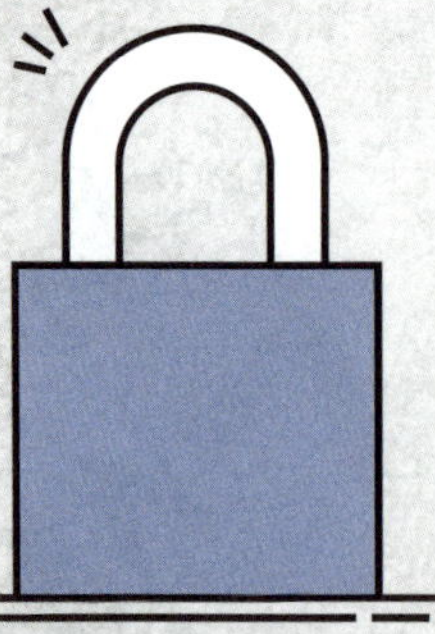

“ 하나님 나라에 오신 것을
환영합니다! ”

안녕하세요! 제 이름은 '랄프 네이버'입니다. 바울서신을 읽어보면 우리는 사도바울이 자기가 경험한 것을 기록했다는 것을 알 수 있습니다. 그래서 저도 바울처럼 이 책에서 제 인생을 여러분과 직접 나누려고 합니다. 제 안에 계신 그리스도께서 여러분 안에 계신 그리스도를 환영하시고, 우리를 하나로 만드십니다!

앞으로 함께 보낼 시간 동안 가까운 친구가 됩시다.

여러분이 그리스도 안에서의 삶에 대해 배우는 11주 동안 저는 여러분의 양육자(equipper)입니다. 함께 하는 시간을 좀 더 보람있게 하기 위해서 아래와 같이 제안합니다.

- ☐ 지금 8쪽에서 17쪽을 한 번에 읽으십시오. 아주 중요한 내용입니다.
- ☐ 매 주 5일 동안 정한 시간과 정한 장소에서 저와 만납니다.
- ☐ 저와 함께 하는 시간은 15분 정도이며, 원한다면 더 오래도 좋습니다.
- ☐ 성경을 옆에 두십시오. 많은 성경구절을 찾아 볼 것입니다.
- ☐ 펜을 준비하십시오. ❗ 표시가 있는 질문에 충실히 답을 달아 주십시오.
- ☐ 뒤에 있는 성경 암송구절을 잘라 내십시오.
- ☐ 매 주 성경 구절을 외우고, 이미 외운 구절들을 복습하십시오.

여러분을 훈련시키는 사람이 있기를 바랍니다. 교회에서 제공하는 새로운 삶 공부를 통해서 하거나, 아니면 신앙의 선배와 함께 하시기 바랍니다.

준비 되었으면 이제 시작해 볼까요?

하나님 나라에 오신것을 환영합니다!

당신은 왜 예수님을 믿게 되었나요? 삶이 만족스럽지 않았기 때문인가요? 더 나은 길을 찾고 있었나요? 성공적인 인생을 살고 있고 큰 문제도 없었지만, 뭔가 채워지지 않는 내적인 공허함을 느끼고 있었나요? 아니면, "이것이 인생의 전부란 말인가?"하는 회의에 빠져 있었을지도 모르겠습니다.

이제 당신은 아주 값진 선물, 즉 새롭고 영원한 삶을 받았습니다. 그리스도를 영접하기 전에 당신의 삶은 하나님의 인도하심 없이 혼자 살아온 삶이었습니다. 당신의 새로운 삶이 어떨지 당신은 상상도 할 수 없을 것입니다.

컴퓨터가 처음 나오던 시절에 제가 아는 어떤 사람은 값비싼 컴퓨터를 샀지만 그것을 배워볼 생각을 전혀 하지 않았습니다. 컴퓨터는 놀라운 일을 많이 할 수 있는 장비였지만 그는 그 잠재력을 알 길이 없었습니다. 그래서 조금 만지작 거리다가 나중에는 한 쪽 구석으로 밀어 놓았습니다. 만일 컴퓨터의 사용법을 알아갔더라면 컴퓨터의 잠재력을 보고 놀랐을 것입니다. 참 슬픈 일이지요. 그리스도 안에서 누릴 새로운 삶을 이처럼 허비하지 마십시오. 하늘나라를 위한 **사용설명서**는 바로 **성경**입니다. 앞으로 함께 공부하면서 성경 사용하는 법을 배울 것입니다.

살면서 최선을 누리십시오

이제부터 당신은 걱정과 질투와 두려움과 짜증과 지루함과 분노와 고통과 불행으로부터의 자유함을 누리실 것입니다. **"그것은 불가능해!"**라고 생각합니까? 아닙니다! 가능합니다. 그리스도 안에서 새로운 삶을 살면 가능합니다. 이것이 그리스도인이 갖는 하나의 특권입니다.

많은 그리스도인들이(아마 당신이 아는 많은 사람들도 포함하여) 이 책에서 얘기하는 진리를 경험하지 못하며 삽니다. 그런 사람들을 보면서 그리스도의 능력을 평가절하 하지 마십시오. 대신 당신이 하나님의 자녀로서 가질 잠재력만 생각하기 바랍니다.

과거에 진정한 행복을 발견했었습니까?

당신이 열심히 살아 왔다는 것은 저도 잘 압니다. 하지만 그 행복이 얼마나 지속되던가요? 저는 당신이 성실한 사람일거라고 생각합니다. 그런데 왜 행복을 찾지 못했을까요? 무엇이 문제였나요? 혹시 지금까지 당신은 행복이 외부에서 온다고 믿고 있지는 않았나요? 만약 그랬다면 아래와 같은 말을 자주 했을 것입니다.

"내가 지금보다 건강하다면..."
"지금보다 돈이 더 많다면..."
"더 좋은 직장으로 옮길 수 있다면..."
"내가 성적이 더 좋다면..."
"다른 부모에게서 태어났더라면, 다른 사람과 결혼했더라면..."
(다른 것이 또 있나요?)

당신에게 진정한 행복과 평안을 준다고 생각하는 것에 동그라미를 치시오.

새 차, 좋은 집, 학위, 해외 여행, 영화, 멋진 이성 친구, 사업의 성공, 진급, 자녀, 새 가구, 고급 식당, 낚시, 명성, 권력, 존경, 성공적 주식투자, 새 옷, 건강, 타 도시로 이사, 새로 나온 랩탑, 음악회, 성생활, 파티, 사냥, 자전거 여행, 볼링, 등산, 좋은 외모, 근육질 몸매, 초콜릿, 평등, 가족 안전, 자유, 내적 조화, 성숙한 사랑, 국가안전, 사회 안정, 지혜, 창의, 독립, 안락한 삶, 경제적 지원, 노후 대책

모든 불행의 원인은 어디에 있는가?

답을 들을 준비가 되었나요? 답이 너무 간단해서 깊이 이해하려고 하지 않고 무시해 버릴지도 모릅니다. 모든 불행에는 오직 한 가지 기본적인 원인만이 있을 뿐입니다.

그것은 바로 **기대**입니다. 당신이 하고 있는 **기대**가 당신을 불행하게 만듭니다. 예를 들어, 만나기로 약속한 사람이 나타나지 않으면 **화가 나지요**. 친구가 약속을 지킬 것이라고 기대했기 때문입니다.

두려움, 질투, 근심, 짜증, 분노, 슬픔, 혐오, 미움 — 이런 모든 감정들은 모든 일이 당신이 원하는 대로 되어야 한다고 기대한 결과로 생긴 것이며, 이러한 감정들이 우리를 불행하게 만듭니다. 그러나 이런 식으로 다른 사람과 환경에 의존하는 평안은 일시적인 것일 뿐입니다.

왜 당신의 행복이 다른 사람이나 사건에 의해 결정되게 만듭니까? 세상에서 일어나는 사건들은 아주 잠시 기쁨을 줄 수 있을지 모르지만 궁극적으로는 우리를 불행하게 만듭니다.

우리는 잘못 프로그램되었습니다

우리는 컴퓨터로 써서 계산이나 출판 등 많은 일을 할 수 있습니다. 그런데 컴퓨터가 작동하기 위해서는 반드시 소프트웨어 프로그램이 있어야 합니다.

우리도 태어나면서부터 우리의 삶에 입력된 수많은 '소프트웨어 프로그램'이 있다는 것을 알고 있습니까? 우리가 가지고 있는 습관과 가치관이 바로 그것들인데 우리도 모르는 사이에 그런 것들은 우리안에 들어와 있습니다.

예를 들어, 우리는 갓난 아기일 때 떼를 쓰고 울면 누군가 관심을 보인다는 것을 배웁니다. 물론 울고 떼쓰지는 않지만 많은 사람들은 어른이 되어서도 비슷한 경향을 보입니다. 또한 우리는 어릴 때 부모님을 보면서, "나도 저렇게 해야지" 또는 "나는 절대로 저렇게 하지 말아야지"라고 생각합니다. 이처럼 우리의 대부분의 가치는 우리도 모르는 사이에 생깁니다. 언제, 어떻게, 수두에 전염 되었는지는 몰라도 수두에 걸렸다는 것은 확실히 아는 것처럼 말이지요.

당신은 아래의 가치를 어디서 얻었습니까?

가 치	원천: 사람, 혹은?	가치	원천: 사람, 혹은?
열심히 일하는 것		이 닦는 것	
꿋꿋한 믿음		화를 다스리는 것	
타인 용서하는 마음		원숙한 사랑	
인생의 의미		자제심(Self-control)	

당신은 이제껏 어떤 가치를 진리로 받아들이며 살아왔나요?

돈이나 권력이나 여가나 성적 만족 등 뭔가를 더 소유하면 행복할 것이라고 생각하십니까? 사실 우리가 얼마나 많은 것을 이미 가지고 있습니까?(쓰다가 필요없다고 버린 것은 또 얼마나 많습니까?)

열심히 노력해서 원하는 것을 얻었을 때 행복하다고 느꼈지만, 또 한편 그것을 잃어버릴까봐 염려한 적은 없나요? 또는 내가 행복함을 느끼던 물건의 새 모델이 나왔을 때 기분은 어땠나요? 이렇듯 우리를 영원히 행복하게 만들 수 있는 것은 없습니다.

내가 어떤 새로운 발걸음을 내디뎠는지 느껴봅시다

당신은 그리스도께 와서 당신의 삶을 드리고 새로운 삶을 주시기를 구했습니다. 이제 당신은 첫걸음을 내디뎠습니다. 새로운 삶을 시작한 정도가 아니라 **당신의 삶을 맡긴 것입니다.**

어떤 사람이 비싼 보석을 구입했습니다. 그런 후 그는 누가 그 보석을 훔쳐갈까 봐 밤낮 걱정하기 시작했고, 곧 얼굴에는 수심이 가득해졌습니다. 하루는 친구가 물었습니다. "무슨 일이 있어?" 그는 "십만불짜리 보석이 있는데 누가 훔쳐갈까 봐 너무 두려워!"라고 대답했습니다. 친구가 말했습니다. "내가 도와줄게. 자, 은행으로 가지." 그들은 은행의 대여금고를 빌렸고 다이아몬드는 철벽 안에 완전히 안전하게 보관되었습니다. 그제야 그는 편안하게 잠을 잘 수 있었습니다.

당신에게도 이같은 일이 생긴 것입니다. 아주 귀한 인생의 보석을 하나님의 보살핌 아래 맡긴 것입니다. 당신이 그분을 전적으로 신뢰한다면 이제 처음으로 진정한 쉼을 얻을 수 있을 것입니다.

하나님 나라에서 살게 된 것을 환영합니다

외국에 들어갈 때 맨 처음 하는 일은 여권을 내고 입국허가를 받는 것입니다. 서류가 다 갖추어져 있으면 입국이 허락됩니다. 당신이 십자가 앞에 나와서 예수님의 피로 당신을 씻어달라고 예수님께 구했을 때, 당신은 그분의 나라에 들어온 것입니다. 하나님 나라에 들어오기 전에 당신은 **"그리스도와 상관이 없었고… 세상에서 아무 소망이 없이, 하나님도 없이 살았습니다"**(에베소서 2:12). 이제 **"우리의 시민권은 하늘에 있습니다"**(빌립보서 3:20). 즉, 이제 당신은 하늘나라의 시민입니다. 그렇다면, 이제 세상 나라의 시민권에 대한 태도는 달라져야 합니다.

예수님은 하나님 나라에 대해 108차례 말씀하셨습니다. 그것은 그분의 열정이었습니다. 당신의 남은 삶과 영원한 삶을 하나님 나라에서 보낼 것이기 때문에, 그곳에 대하여 배우는 것이 중요합니다. 여기서 기억해야 할 몇 가지 중요한 사실이 있습니다.

'나라'라는 단어는 '통치'를 의미합니다

하나님 **'나라'**에 대하여 배울 때마다 '나라'를 **'통치'**로 바꾸십시오. 왕은 나라의 모든 것-백성과 땅과 모든 보물-을 완전히 소유합니다. 왕은 누구와 소유를 공유하지 않습니다. 모두 왕이 통치합니다.

우리의 주님은 구세주인 동시에 왕의 왕으로서 우리를 통치하시는 주권자이십니다. 누가복음 1:31-33에서 천사는 마리아에게 이렇게 말했습니다. **"보아라, 그대가 잉태하여 아들을 낳을 터이니, 그의 이름을 예수라고 하여라. 그는 위대하게 되고, 더없이 높으신 분의 아들이라고 불릴 것이다. 주 하나님께서 그에게 그의 조상 다윗의 왕위를 주실 것이다. 그는 영원히 야곱의 집을 다스리고, 그의 나라는 무궁할 것이다."** 왕이신 예수님은 오늘도 통치하십니다.

그리스도의 나라는 그분이 통치하시는 모든 곳에 존재합니다

누가복음 17:21에서 예수님은 하나님의 나라가 어떤 지역을 뜻하는 것이 아니라고 하시면서, **"하나님의 나라는 너희 가운데에 있다"**고 하십니다. 예수님께서 오셔서 우리 안에 거하실 때 그분은 우리 안에서 통치하십니다. 따라서 오늘날 하나님의 나라는 하나님을 자신의 삶의 주인으로 고백한 모든 사람들로 이루어집니다. 요한계시록 1:6을 보면, 그리스도께서 **"우리로 하여금 나라가 되게 하시어 자기 아버지 하나님을 섬기는 제사장으로 삼아 주셨다"**고 합니다. 그러므로, 우리가 하나님의 나라 안에 있을 뿐 아니라 **하나님의 나라도 우리 안에 있습니다.** 왜냐하면 왕이신 그리스도께서 우리 안에 계시기 때문입니다.

하지만, 언젠가 하나님의 나라는 지리적으로 임할 것입니다

하나님께서 이 땅을 그분의 영광스런 나라로 회복하실 것입니다. 베드로는 **"하늘은 요란한 소리를 내면서 사라지고, 원소들은 불에 녹아버리고, 땅과 그 안에 있는 모든 일은 드러날 것입니다...그 날에 하늘은 불타서 없어지고, 원소들은 타서 녹아버릴 것입니다"**(베드로후서 3:10, 12)라고 말합니다. 이사야 65:17에서 하나님께서는 **"보아라 내가 새 하늘과 새 땅을 창조할 것이니"**라고 하셨습니다. 우리의 왕께서 이 땅에 있는 하나님의 나라를 새롭게 하시고 완벽한 통치를 위해 다시 오실 것이기 때문에, 우리는 없어질 것들을 위하여 삶을 낭비해서는 안됩니다. 앞으로 11주 동안 하나님의 나라에서 새로운 삶을 어떻게 누릴지 배울 것입니다.

당신은 이 세상에서 기능하도록 태어났습니다

우리는 주위에 있는 것들에 대해 반응하는 데 필요한 모든 감각기관을 가지고 태어났습니다. 먼저 우리는 소리를 듣고, 맛을 보고, 냄새를 맡을 수 있습니다. 엄마의 목소리를 알아 듣습니다. 다음에 빛을 볼 수 있습니다. 점차로 눈에 촛점을 맞춥니다. 시간이 얼마 지나면 손으로 무엇을 쥘 수 있게 됩니다. 그리고 기고 걷기 시작합니다. 나중에는 부모의 말을 따라서 합니다.

이런 신체적 감각기관의 조화를 통해 우리는 몸을 사용하고 머리로 사고를 합니다. 어린 아이에서 청년이 되고 나중에는 어른이 됩니다. 적절한 나이가 되면 생식기관이 발달하게 되고 당신을 닮은 사람을 낳게 됩니다.

이렇게 성장하면서 우리는 책임감 있는 사람이 되어갑니다. 기술과 능력에 맞는 일을 맡게 되고 자신이 특별한 사람이라는 것을 발견하게 됩니다. 그리고는 바로 내가 이루는 **업적**(performance)으로 인해 내가 **존귀**(significance)한 존재가 된다고 믿기 시작합니다. 이렇게 되면 당신은 사탄의 가장 강력한 감옥에 갇힌 희생자가 되는 것입니다.

이렇게 사탄의 나라에 살게 되면 우리는 자기도 모르게 악에 노출됩니다. 아마 당신은 이미 배신당하고 거부당하면서 많은 상처를 입었을 것입니다. 또한 죽음 때문에 큰 고통을 겪었을 것입니다. 다른 사람들을 불신하게 되었고, 친구들이 당신을 실망시킬 것이라고 생각하고 있을 것입니다. 그 결과로 당신은 자신을 보호하는 사람만이 이 세상에서 살아 남을 수 있다고 생각하게 되었을 것이고, 사치품이나 성적 만족, 혹은 마약으로 욕망을 채우고 있을지도 모르겠습니다.

당신은 그리스도의 나라에서 기능하도록 새로 태어났습니다

당신이 십자가 앞에 나와서 당신 삶의 소유권을 예수 그리스도께 드리기 전에는 당신은 하나님과의 영적인 관계가 없었습니다. 이 성경구절을 보십시오. **"그 때에 여러분은 그리스도와 상관이 없었고, 이스라엘 공동체에서 제외되어서, 약속의 언약과 무관한 외인으로서, 세상에서 아무 소망이 없이, 하나님도 없이 살았습니다"**(에베소서 2:12).

예수님이 요한복음 3:3에서 니고데모에게 말씀하셨습니다. **"내가 진정으로 진정으로 너에게 말한다. 누구든지 다시 나지 않으면, 하나님 나라를 볼 수 없다."** 마태복음 13:15에서도 **"이 백성의 마음이 무디어지고 귀가 먹고 눈이 감기어 있다"**라고 하셨습니다.

그러다 당신이 예수님을 영접했을 때, 당신은 하나님의 자녀로 다시 태어난 것입니다. 이것은 영적인 탄생입니다. 이 땅에 처음 태어날 때 그랬던 것처럼, 이제 당신은 하나님 나라에서 살 수 있는 아주 새로운 영적 감각기관을 지니고 있습니다. 당신은 **생전 처음으로** 하나님 음성을 들을 수 있습니다. 이제 영원한 것들을 보기 시작할 것이고, 성령 안에서 걸을 수 있게 되실 것입니다.

하지만 동시에 당신이 천국에서 사는 삶을 무력화 시키기 위해 사탄이 어떻게 당신을 공격하는지 알아야 합니다. 어떻게 그리스도께서 당신에게 능력을 주셔서 천국의 다른 시민들을 세우게 하시는지 발견해야 합니다. 자라가면서 당신은 '영적 아버지'가 되어 당신의 친구와 사랑하는 사람들을 당신의 왕에게 소개하게 될 것입니다. 그리스도께서 주님으로서 통치하시는 초자연적인 세상으로 그들을 초대하는 기쁨을 경험할 것입니다.

준비가 되었습니까? 여정을 떠나볼까요? 

① 컴퓨터 사용설명서와 성경을 비교하면서 저자가 하려는 말은 무엇입니까?

② 우리는 어떻게 행복해질 수 있습니까?

③ 하나님 나라에서 '통치'와 '현재구원'과의 관계를 써 보십시오.

④ 우리는 언제 사탄의 감옥에 갇히게 됩니까?

⑤ 우리가 영적으로 태어났을 때 새로운 영적인 감각기관을 받습니다. 영적인 감각기관을 가지고 구체적으로 무엇을 할 수 있나요?

1주

"하나님 나라의 삶"

나의 새 가족

1일 모든 아기들에게는 가족이 있다

성경읽기: 에베소서 2:19-22

아기들이 세상에 태어나면 그들에게는 어머니와 아버지와 형제자매 등 가족이 있습니다. 이것은 아주 당연한 사실입니다. 먹여주고 돌봐줄 부모 없이 아기가 태어난다면 어떻게 되겠습니까? 아기에게는 태어나자마자 사랑으로 돌봐 줄 부모가 곁에 있어야 합니다.

그것은 영적인 아기도 마찬가지입니다. 따라서 당신이 그리스도인이 되었을 때, 당신에게도 새로운 영적 가족이 생긴 것입니다. 바울이 디모데전서 3:15에서 "**하나님의 가족**(household) **가운데서 사람이 어떻게 처신해야 하는지를 그대**

가 알게 하려는 것입니다. 이 가족은 살아 계신 하나님의 교회요, 진리의 기둥과 터"라고 한 것을 참조하십시오. 그렇기 때문에 1세기 교회가 처음 시작되었을 때 그들은 즉시로 하나님의 가족, 즉 소수의 사람들로 구성된 가정교회를 구성했습니다. 그들은 특별한 건물에서 모인 것이 아니라, 집집마다 돌아가며 모이고 음식을 나누고 서로 권면했으며 서로의 필요를 채워주었습니다.

그러나 세월이 지나면서 하나님의 백성은 **가족**(family)에서 **조직**(organization)으로 변했습니다. 가족 공동체인 교회가 기관(institution)이 되어버린 것입니다. 하나님의 사람들의 가족적인 삶은 건물에서 모이는 모임으로 변질되어 갔고, 사람들은 그 건물을 교회라고 부르기 시작했습니다.

하지만 '교회'라는 단어는 건물을 지칭하는 것이 아닙니다. '교회'는 '부르심을 받은 사람들'이라는 헬라어 단어에서 왔습니다. 즉 교회는 건물이 아니라 하나님의 가족의 모임인 것입니다. 하나님의 계획은 교회를 **뾰족탑의 건물**로 상징되는 나라가 아니라 **특별한 관계**로 상징되는 나라로 만드시는 것이었습니다.

에베소서 2:19-22에서 무엇을 '건물'이라고 얘기합니까? 정답에 ✓ 하십시오.

- ▨ 땅 위에 세워진 구조물
- ▨ 그리스도께서 거하시는 처소가 된 사람들
- ▨ 성경이 불분명함. 위의 둘 중 하나

다행스럽게 20세기에 들어와서 그리스도인들은 이러한 사실을 깨닫기 시작했습니다. 즉 그들은 소그룹 혹은 목장으로 모이기 시작했습니다. 그들은 목장이라는 가족 단위에 초점을 맞추어 신앙생활을 하고, 또 주일에는 여러 목장들이 함께 모여서 찬양하고, 경배하고, 성경의 가르침을 받는 연합주일예배를 드립니다.

각 목장에는 목장을 책임지는 목자가 있습니다. 언젠가 당신도 성숙하게 되면 목자로서 목장 식구들을 목양하게 될 것입니다. 목장에서는 목장 식구 모두가 영적인 여정을 함께 합니다. 어떤 사람은 성숙한 그리스도인이고, 어떤 사람은 아직 미성숙한 그리스도인입니다(**어떤 사람들은 아직 세상적인 방법으로 사는 비신자로 남아 있습니다**). 이 문제들이 어떻게 그들의 믿음을 성장하게 하는지 또 어떻게 성장을 방해하는지 잘 살피십시오.

이제부터 당신도 그들과 함께 성장할 것입니다. 아이들이 부모와 형제들을 보면서 배우듯이, 당신도 다른 목장 식구들이 어떻게 이웃과 주님을 섬기며 자신의 문제를 어떻게 해결해 가는지를 보면서 믿음이 자랄 것입니다.

교회에서 가장 성숙한 신자들을 '사도와 예언자'(**오늘날에는 목사**) 라고 부릅니다. 하지만 에베소서 2:20에 의하면 그들은 하나님의 백성 위에 군림하는 사람들이 아니라 오히려 하나님의 백성을 받쳐주는 기초입니다. 그리고 가장 중요한 모퉁이돌은 그리스도 예수이십니다.

에베소서 2:19-22을 다시 한 번 주의해서 읽고, 다음의 질문에 답하시오.

❶ "성도들과 함께 시민"이라는 말이 어떻게 느껴지나요?

❷ 19절에 나오는 '하나님의 가족'과 21절에 나오는 '건물'은 어떤 관련이 있나요?

❸ 22절에 의하면 하나님은 어디에 거하십니까?

2일 성장에는 시간이 걸린다

성경읽기: 히브리서 5:11-14

아기가 육체적으로 자라는 것이 당연하듯이 크리스천도 영적으로 성장해야 합니다. 당신이 크리스천이 된지 얼마 되지 않았다면 당신은 육체적으로는 어른일지 모르지만 영적으로는 아직 어린아기입니다. 영적인 감각기관이 아직 개발되지 않았기 때문입니다.

아기가 육체적으로 어른이 되려면 대개 20년 정도 걸립니다. 마찬가지로 영적으로 성장하는 데에도 시간이 걸립니다. 그러나, 육체적인 성장과 달리 영적인 성장은 성장 속도가 사람마다 다릅니다. 또 성경공부는 많이 하지만 기도를 안 하고, 기도는 하지만 전도는 안 하는 등 불균형적으로 성장하기도 합니다.

불균형의 예를 들어볼까요? 내가 어렸을 때 아버지께서는 집회하는 곳에 나를 데려가시곤 했습니다. 거기 참석했던 한 사람을 지금도 잊을 수가 없습니다. 그는 몸집이 세 살 정도 되어 보였지만 얼굴에 수염이 잔뜩 나 있었습니다. 실제로 그는 32살이었지만 신체와 정신적인 성장은 세 살 때 멈춰 버린 것입니다. 이런 일이 그리스도인에게도 일어날 수 있습니다.

히브리서 5:11-12에서도 같은 얘기를 하고 있네요. 무엇이 문제였나요?

- 그들의 ________________ 가 ________________ 했다.
- 그들은 ________________ 이나 먹고 ________________ 한 ________________ 을 못 먹었다.

신자가 얼마나 성장했는지는 신앙생활을 한 기간으로 판단할 수 없습니다. 수년 동안 신자였던 사람이 영적으로는 몇 달 동안 주님께 속했던 사람만큼 자라지 못할 수도 있습니다.

먼저 당신은 영적인 젖을 소화해야 합니다!

아기들은 먼저 '젖'을 먹은 다음에 '단단한 음식'을 먹습니다. 히브리서 저자는 단단한 음식을 먹는 데 이르지 않는다면 성장이 멈출 수도 있다고 합니다. 5장 13절과 14절에 보면 우리를 자라게 하고 성장하게 하는 음식이 나와 있습니다. 바로 '올바른 가르침'을 마시기 시작해야 합니다. 이렇게 하면 우리는 '**선과 악을 분별**'하도록 훈련될 것입니다.

죄가 세상에 들어오기 전에는 이런 문제가 없었습니다. 하나님은 **"자기 형상"** 대로 아담과 하와를 창조하셨기 때문에**(창세기 1:27)** 그들은 선과 악을 분별할 필요가 없었습니다. 아담과 하와는 하나님 나라에 있었고, 하나님께서 그들을 악의 존재로부터 보호하고 계셨습니다. 하지만 하나님은 한 가지만은 명심하라고 하셨습니다. **"그러나 선과 악을 알게 하는 나무의 열매만은 먹어서는 안 된다. 그것을 먹는 날에는, 너는 반드시 죽는다"(창세기 2:17)**.

그 때 사탄이 그들에게 찾아왔습니다. 사탄이 그들을 멸망시키려고 한 말이 창세기 3:5에 나옵니다. **"하나님은, 너희가 그 나무 열매를 먹으면, 너희의 눈이 밝아지고, 하나님처럼 되어서, 선과 악을 알게 된다는 것을 아시고, 그렇게 말씀하신 것이다."** 물론 이것은 터무니없는 거짓말입니다**(거짓의 아비인 사탄은 절대로 진실을 말하지 않습니다!)**.

결국 아담과 하와는 사탄에 속아 죄를 저질렀고, 선과 악을 알게 되었을 뿐 아니라 악의 결과도 배웠습니다. 바울은 **"그들의 어리석은 마음이 어두워졌다"**고 합니다. 즉 아담의 후손인 우리는 마음이 어두워져 있습니다. 물론 우리가 이 세상 나라에 태어날 때, 우리 안에는 옳고 그름을 구별할 수 있게 해주는 도덕적인 법이 있습니다. 그러나 우리는 죄 가운데 있기 때문에 우리 안에 있는 도덕적인 법을 무시하고 살아갑니다.

옳고 그름을 분별하는 능력이 희미해진 상태

일생동안 우리는 옳고 그름을 구별하는 능력을 억누르면서 살아왔습니다. 그것이 얼마나 위험한 것인지 우리는 느끼지 못합니다. 예를 들어, 엄마가 안볼 때

한 살짜리 아기가 가위를 잡는다면 어떨까요? 엄마가 그것을 보고 소스라치게 놀라겠지요. 그 이유는 아기는 가위를 선하게 쓰는 것과 악하게 쓰는 것을 분별하지 못하기 때문입니다. 만일 가위로 눈이라도 찌르게 되면 아주 불행한 일이 일어납니다. 우리의 삶도 마찬가지 입니다. 죄는 우리의 인생을 망쳐놓을 수 있습니다.

옳고 그름을 구별하지 못하는 예를 들어볼까요? 어떤 사람은 이렇게 말합니다. "배우자가 아닌 사람과 성관계를 갖는 것이 왜 잘못입니까? 다들 그러는 걸요?" 물론 이 세상의 나라에서는 맞는 말일지 모릅니다. 다들 그렇게 살고 있습니다. 그러나 '필요'를 만족시키는 것이 괜찮은 일처럼 보일지 몰라도, 자신의 필요를 만족시키기 위해 다른 사람을 사용하는 것은 악입니다. 이는 다른 사람을 존중하는 것이 아니기 때문입니다.

따라서 신앙생활의 초기부터 우리는 옳고 그름을 구별하는 것을 배워 나가야합니다. 당신은 이제 성령님이 내 안에 오심으로서 처음으로 옳고 그름을 구별하는 영적인 능력을 갖게 된 것입니다. 그러나 이런 능력이 자동적으로 생기는 것은 아닙니다. '올바름'에 대하여 가르쳐 주는 '젖'을 먹고 자라야 합니다. 베드로전서 2:2 말씀대로 **"갓난 아기들처럼 순수하고 신령한 젖을 그리워 하십시오. 여러분은 그것을 먹고 자라서 구원에 이르러야 합니다."** 여기서 '젖'은 성경을 말합니다.

아기들은 혼자서 젖을 먹지 못하고 다른 사람이 아기의 젖을 먹여 주어야 하는 것처럼 신앙생활도 마찬가지입니다. 누군가의 도움이 필요합니다. 이것이 신앙생활에서 목장에 참석해야 하는 이유입니다. 당신을 먹여 줄, 당신보다 더 성숙한 사람들이 거기에 있으니 이제부터 그 분들을 의지해야 합니다.

3일 누가 '아버지'인가?

성경읽기: 요한일서 2:12-14

요한일서 2:12-14에 보면, 하나님 나라에 사는 사람들이 성장하는 세 단계는 무엇입니까?

- 처음 단계:
- 다음 단계:
- 마지막 단계:

지난 과에서 목장에는 당신을 도와줄 사람들이 있다고 했는데, 이번 주의 나머지 사흘 동안 목장 식구들에 대해 생각해 보겠습니다. 어떤 사람들은 다른 사람들보다 영적으로 더 성숙합니다. 그들의 삶의 방식과 가치관을 살펴보면 그리스도의 임재하심이 그 사람에게 얼마나 스며들었는지 알 수 있습니다.

위에 요한일서 2:12-14에 나오는 말을 넣었습니까? 처음 단계는 **어린이**의 단계입니다. 다음 단계는 **젊은이**의 단계입니다. 마지막 단계는 **아버지**의 단계입니다. 먼저 아버지에 대해 생각해 볼텐데, 이는 아버지가 당신이 관찰할 수 있는 가장 훌륭한 모델이기 때문입니다(**아버지라고 해서 꼭 남자라는 의미는 아닙니다**).

아버지는 독특한 특징을 갖고 있습니다.

13절에서 아버지의 특징은 무엇입니까?

"여러분이 태초부터 계신 분을 ______________ 있기 때문이요"

14절에서 '어린이'에 대하여 무엇이라고 말합니까?

"여러분이 이미 하늘 아버지를 ______________ 있기 때문입니다"

둘 다 똑같이 알고 있는데 무슨 차이가 있을까요? 물론 '어린이'와 '아버지'는 모두 하나님을 압니다. 그 분을 모르고는 하나님 나라에 들어갈 수 없기 때문이지요. 그러나 우리가 누구를 아는 데에는 차이가 있습니다. 예를 들어, 누가 나에게, "랄프씨, UN 사무총장을 압니까?"라고 묻는다면, 나는 "예, 압니다." 라고 대답할 것입니다. 왜냐하면 늘 TV뉴스에서 봤으니까요.

그러나 누가 나에게 "랄프씨, 당신은 루쓰 네이버를 아세요?"라고 묻는다면 저는 똑같이 "예, 압니다." 라고 대답할 것입니다. 그녀는 제 아내거든요.

차이를 발견했습니까? UN 사무총장을 아는 것과 아내를 아는 것은 똑같지 않습니다. 어떤 사람과 더 오래 함께 할수록 그 사람을 더 잘 알게 됩니다. 우리는 그렇게 하나님을 알아가야 합니다. 시편 25:4은 **"주님, 주님의 길을 나에게 보여 주시고, 내가 마땅히 가야 할 그 길을 가르쳐 주십시오"**라고 합니다. 그렇게 하나님을 오랜 경험으로 아는 사람을 우리는 아버지라고 부릅니다. 아버지는 이렇게 말하는 사람입니다. "나는 하나님의 길을 알 수 있을 만큼 오랫동안 하나님과 함께 했습니다. 그분은 나의 삶을 통해 다른 사람들을 섬기도록 하셨습니다. 나는 하나님의 임재를 느끼는 것이 무엇이며, 또 사모하는 마음으로 그분께 경배하는 것이 무엇인지 압니다. **나는 그분의 길을 압니다.**"

아버지에 대하여 가장 중요한 것들

사전을 보면, 아버지는 '재생산하는 사람'으로 정의됩니다. 당신의 목장 식구나 교회의 지체 중에서, 낮은 모습으로 섬김을 통해 잃은 양을 그리스도께로 인도하는 사람을 관찰하십시오. 그들이 하나님 나라의 진정한 아버지들입니다. 꼭 성경을 많이 알거나 기도를 많이 하는 사람들이라고 해서 아버지는 아닙니다. 아버지가 되는 마지막 기준은 '재생산하는 사람'입니다.

당신을 그리스도께로 인도한 사람은 누구입니까?

이제 한 사람의 '아버지'를 알았습니다. 또 다른 아버지들을 알고 있습니까?

요한복음 1:41에 열두 제자 중 하나인 안드레가 나옵니다. 예수님을 만난 후 그가 처음으로 한 것은 그의 형제 시몬을 찾아서 **"우리가 메시아를 만났소"**라고 말한 것입니다. **안드레는 자기 형제에게 '아버지'였습니다.**

하지만 단순히 사람들에게 그리스도를 소개한다고 영적인 아버지는 아닙니다. 영적인 아버지는 아기 크리스천을 고아처럼 내버려두지 않습니다. 대신, 그들은 자녀들과 자녀들의 필요를 자신보다 우선하여 자신의 삶을 자녀들에게 줍니다. 그럴 때 진정한 재생산이 일어납니다. 그런 아버지들과 시간을 많이 보내십시오. 그리스도의 영이 그들 안에서 움직이십니다. 그들은 사람들을 천국으로 데려오는데 쓰임받고 있습니다. 그리스도를 먼저 알았던 아버지가 당신에게 시간을 내어 주지 않았더라면, 당신은 여전히 사탄의 나라의 어두움 속에서 방황하고 있을지 모릅니다.

4일 누가 '젊은이'인가?

성경읽기: 요한일서 2:13-14, 에베소서 6:11-17

요한일서 2:13-14에 나오는 '젊은이'의 특징은 무엇입니까?(해당되는 것 모두 ✓ 하세요)

- ▨ 그들은 악한 자를 이겼다.
- ▨ 그들은 강하다.
- ▨ 하나님의 말씀이 그들 속에 있다.
- ▨ 모두 틀림
- ▨ 모두 맞음

운동선수들은 대개 10대 후반에서 20대 전반에 전성기를 맞습니다. 이때가 신체적으로 가장 좋을 때이고, 경기 경험도 어느 정도 쌓였기 때문입니다. 영적인 젊은이가 바로 그런 단계입니다. 영적인 '젊은이'는 이제 어린이의 단계를 지났고, 그러는 동안 사탄과의 싸움에서 얻은 '상처'들을 가지고 있습니다. 뿐만 아닙니다. 혹자는 "내적 전투를 치르고 나서야 비로소 외적 전투를 할 수 있다!"라고 말하는데, 젊은이는 이런 내적 전투 또한 치르고 있는 사람들입니다. 내적 전투는 우리 안에 있는 '약한 부분'에서 일어나는데, 그것을 우리는 '견고한 진'(strongholds)이라고 부릅니다.

'견고한 진'이란 원래 전쟁에서 함락시키기 힘든 요새를 의미합니다. 이 단어는 성경에서 18번 사용되었는데, 영적으로는 사탄이 여전히 숨어 있는 우리의 내적 상태를 의미할 때가 있습니다. 악한 세력은 우리의 모든 것에 영향을 미치지는 못합니다. 하지만 우리 안에 견고한 진을 만들고 숨어 있으면서 영향을 미칩니다.

바울은 고린도후서 10:4에서 견고한 진에 대해 이렇게 가르칩니다. **"싸움에 쓰는 우리의 무기는, 육체의 무기가 아니라, 하나님 앞에서 견고한 요새라도 무너뜨리는 강력한 무기입니다."** 그리고는 '견고한 진'의 예를 다음 절에서 들고 있습니다. **"[궤변]을 무찌르고, 하나님을 아는 지식을 가로막는 모든 [교만]을 쳐부수고, 모든 생각을 사로잡아서, 그리스도께 복종시킵니다."** 위 괄호 안에 있는 두 단어가 바로 그것들인데, 결국 견고한 진은 모두 우리의 사고방식과 태도와 관련되어 있다는 것을 알려줍니다. '교만'의 좋은 예는 **"자, 도시를 세우고, 그 안에 탑을 쌓고서, 탑 꼭대기가 하늘에 닿게 하여, 우리의 이름을 날리고, 온 땅 위에 흩어지지 않게 하자"**고 한 창세기 11:4에 나오는 사람들에게서 볼 수 있습니다. 사탄이 원하는 것은 그런 견고한 진에 숨어서 그리스도인을 부추겨 하나님을 의심하게 하고, 주 예수 대신 자기 자신을 영화롭게 하는 것입니다. 우리가 조심하지 않으면 사탄은 우리 마음을 두려움과 회의와 의심으로 채울 것입니다.

오늘 당신이 갖고 있는 두려움에 ✓ 하십시오. 이것들이 바로 견고한 진일지 모릅니다.

- 사랑하는 사람들에게 나쁜 일이 생길 것 같다.
- 직업을 잃고 경제적인 위기를 맞을 것 같다.
- 내 의무를 다 수행할 수 있을까?
- 몹쓸 병으로 죽을 것 같다.
- 다른 사람 눈에는 내 인생이 아무 가치가 없다.

기타 ______________________

견고한 진은 또한 정욕, 교만, 쓴 뿌리, 용서 못함, 불평, 질투, 탐심, 시기 혹은 비슷한 감정을 포함합니다. 당신이 하나님 나라에 들어오기 전에 이런 감정들이 당신의 생각 속에 항상 자리 잡고 있었을 것입니다. 그리스도께서는 당신을 이런 것들로부터 자유롭게 하기 원하십니다. 당신은 더 이상 이런 견고한 진 때문에 불구로 지낼 필요가 없습니다.

에베소서 6:11-17에 사탄을 맞서는 젊은이가 입어야 할 여섯 가지 장비가 나옵니다. 아래에 써보십시오.

____

____

____

참고 이 장비들은 모두 방어용입니다. 그런데 등을 보호하는 장비는 없군요. 왜 그럴까요?

- 사탄은 절대로 등을 공격하지 않기 때문이다.
- 우리가 절대로 등을 사탄에게 돌리지 말아야 한다는 의미이다.
- 그리스도께서 이미 우리의 싸움을 이기셨기 때문이다.
- 세 가지 모두 맞다.
- 위의 것 중 하나는 틀리다.

5일 누가 '어린이'인가?

성경읽기: 갈라디아서 4:19, 에베소서 4:15, 데살로니가전서 2:7-8

'어린 자녀들'은 특별한 사람들입니다. 그들은 부모를 신뢰하며 또 순진합니다. 하지만 동시에 경험이 없기에 판단력이 부족합니다. 자기가 한 행동이 어떤 결과를 초래할지 모른 채 위험한 상황에 들어가기도 합니다. 그래서 그들이 세상을 이해할 수 있을 때까지 계속해서 도움을 필요로 합니다.

갈라디아서 4:19에서 사도바울은 자신을 '어린 자녀'인 그리스도인들을 위해 해산의 고통을 겪는 여인에 비유합니다. 바울이 해산의 고통을 겪는 이유는 그들 속에 그리스도의 형상이 이루어지기를 원하기 때문입니다. 그렇다면 그들 속에 그리스도의 형상이 이루어진다는 것은 무슨 의미일까요?

바울은 그리스도의 충만한 성품이 아직 그들의 삶에 스며있지 않았다는 것을 알았습니다. 그래서 사도바울은 에베소서 4:15에서 어떻게 성숙함이 이루어지는지를 보여줍니다. **"우리는 사랑으로 진리를 말하고 살면서, 모든 면에서 자라나서, 머리가 되시는 그리스도에게까지 다다라야 합니다."**

이 말은 단순히 성경공부를 하라는 의미가 아닙니다. 물론 성경공부는 자녀들이 성장하는데 아주 중요한 요소입니다. 하지만 그 외에도 "사랑으로 진리를 말하는" 믿음의 동료 크리스천들과의 관계가 반드시 있어야 합니다. 자기들을 사랑하는 사람들이 도와주지 않으면 '어린이들'은 그들의 삶에서 많은 것을 이해할 수 없습니다. 마찬가지로 당신의 새로운 목장의 가족 중에는, 주님께서 보여주시는, 당신의 성장을 도울 사람들이 있을 것입니다. 그들과 함께 성장해 나가야 합니다. 우리는 서로 세워주는 사람이라고 성경은 말합니다. 새신자로서 여러분은 목장의 '젊은이들'이나 '아버지들'이 당신의 필요를 채워줄 것을 기대해도 됩니다.

바울은 데살로니가전서 2:7에서 **"그러나 우리는 여러분 가운데서, 마치 어머니가 자기 자녀를 돌보듯이 유순하게 처신하였다"**고 했습니다. 이와 같이 믿음생활에서는 목장이 가족입니다. 목장식구들이 하는 일은 당신 속에 그리스도의 형상이 이루어지도록 돕는 것입니다. 데살로니가전서 2:8에서 바울은 목장의 진정한 신자들의 정신을 이렇게 표현합니다. **"우리는 이처럼 여러분을 사모하여, 여러분에게 하나님의 복음을 나누어 줄 뿐만 아니라, 우리 목숨까지도 기쁘게 내줄 생각이었습니다. 그것은 여러분이 우리에게 사랑을 받는 사람이 되었기 때문입니다."**

'어린이'인 당신이 그리스도 안에서 성장하도록 다른 사람의 도움이 필요한 곳에 밑줄을 그으시오.

- 잘못된 가르침이나 이단 종교로부터의 보호
- 당신이 진정 하나님의 자녀라는 확신
- 당신 삶에 남아 있는 '옛 짐'을 없애는 방법
- 고통 당할 때의 격려
- 세(침)례와 주님의 만찬의 의미
- 성경을 잘 아는 아버지로부터 조언
- 육신이 아플 때 치유를 위한 기도
- 고통과 재난에 빠졌을 때 위로
- 기타: ______

바울은 신약성경에서 종종 새신자들의 특정한 필요에 대해 끊임없이 권면하고 가르칩니다. 어떤 때는 그리스도인이 되려면 많은 규칙을 지켜야 한다는 유대인들의 가르침을 아주 강하게 반대하기도 하고, 또 새신자들에게 성령의 은사를 개인적 유익을 위해 쓰지 말라고 가르치기도 합니다. 그는 또 새신자들 가운데 파당이 만들어져서 그리스도의 몸이 분리되는 것을 가슴 아파합니다. 그는 계속해서 새신자들에게 '엄마노릇'을 했습니다.

바울서신(**갈라디아서, 로마서, 디도서 등**)을 읽으면, 그런 식으로 바울이 새신자들을 염려했던 모습을 발견하게 됩니다. 그리고 그 가운데는 그리스도 안에서 여러분의 삶에 적용할 수 있는 교훈들로 가득 차 있습니다. 어떤 구절들은 현재 당신의 삶을 꼭 꼬집고 있는 것 같다고 느끼면서 놀랄 것입니다.

이번 주에는 그런 마음으로 목장에 참석하시기 바랍니다. 그리고 당신이 성경을 읽으면서 얻은 깨달음을 목장 모임에서 나누십시오. 이것이 다른 사람을 축복하는 것을 배우는 첫 걸음이 될 것입니다. 주님께서 당신에게 주신 말씀은 언제든지 그것으로 다른 사람에게도 은혜를 끼칠 수 있어야 한다는 것을 기억하십시오.

아빠가 아이스크림을 들고 있는 어린 아들에게 조금 달라고 "아~" 하는 것을 본 적이 있을 것입니다. 그때 아이가 찡그리면서 뒤로 감추는 모습을 볼 때 어떻습니까? 그러나 반대로 아이가 기뻐하면서 아빠에게 내밀 때 주는 사람과 받는 사람 모두에게 기쁨이 넘칩니다. 마찬가지로 목장에서 섬김을 받으려고만 하지 마십시오.

목장에서 나눌 때, 더 많이 아는 목원들의 얘기만 들으려고 하지 마십시오. 목장모임은 '교실'이 아닙니다. 우리 모두는 가족 안에서 서로 세워주는 사람들입니다. 다시 말해서, 하나님께서 새신자인 당신을 사용하셔서 당신의 말과 행동을 통해 다른 목원들을 격려하시게 하십시오. 하나님께서 당신의 마음에 주신 것을 나누십시오. 받기만 하지 마십시오. 당신이 그리스도인의 삶을 시작할 때부터, 주님께서 당신에게 주신 것을 나누는 것을 연습하십시오! 하나님과의 경험과 말씀의 은혜를 나누는 것이 다른 사람들을 세우는 '첫걸음'입니다. **시도해 보십시오! 목장 식구들이 모두 좋아할 것입니다!** 

복습질문

❶ - 1 초대교회의 모습과 현대교회의 모습을 비교해 보십시오.

❶ - 2 원래 교회의 모습인 목장을 가정과 어떻게 비교할 수 있습니까?

❷ - 1 우리가 성장하면서 배워야 하는 가장 중요한 것은?

❷ - 2 선과 악을 분별하는 능력은 저절로 오는 것이 아니라 성경을 통해 배웁니다. 선과 악의 예로서 저자는 어떤 예를 드나요?

❸ - 1 아버지가 하나님을 아는 것과 어린이가 하나님을 아는 것의 차이는 무엇입니까?

복습질문

❸ - 2 아버지의 특징은 '재생산하는 사람'입니다. 진정한 재생산은 무엇인가요?

❹ - 1 견고한 진을 저자는 궤변과 교만으로 정리합니다. 이 두 가지가 그리스도인을 어떻게 부추깁니까?

❹ - 2 견고한 진은 또한 모든 생각(여러가지 감정)을 포함합니다. 나에게 가장 적용이 되는 감정을 써보세요.

❺ - 1 자녀들이 그리스도의 형상이 이루어질 때까지 자라기 위해 필요한 것은 무엇입니까?

❺ - 2 자녀들이 목장에서 나누어야 할 이유는 무엇입니까?

2주

"하나님 나라의 삶"

여행을 떠나 봅시다

1일 하늘과 이 땅

성경읽기: 누가복음 17:20-21

예수님은 하늘 아버지께 이렇게 기도하라고 하셨습니다. **"그 나라를 오게 하여 주시며, 그 뜻을 하늘에서 이루심 같이, 땅에서도 이루어 주십시오"**(마태복음 6:10). 기도할 때 우리는 하나님이 하늘에서 통치하시듯이 땅에서도 통치하시기를 간구합니다. 이때 하나님의 통치 영역은 '하늘'에서 '땅'으로 확장됩니다.

'이 땅'과 '하늘' 그리고 '전쟁터'

우리는 하나님이 창조하신 이 땅의 영역에서 살고 있습니다. 이 땅은 우리가 느끼고, 보고, 듣고, 맛보고, 냄새맡을 수 있는 물질적인 것들로 구성되어 있습니다. 우리가 하나님 나라에 들어오기 전에 우리는 이런 땅의 것들이 전부인 줄 알고 살아왔습니다.

하지만 세상에는 눈에 보인 것뿐 아니라 눈에 보이지 않는 영적인 세계도 존재합니다. 당연히 여러분은 하나님이 계시는 세계가 있다는 것을 알 것입니다. 성경은 그곳을 하늘이라고 부릅니다. 예를 들어, 이사야는 **"하늘로부터 굽어 살펴 주십시오. 주님이 계시는 거룩하고 영화로우신 곳에서 굽어보아 주십시**

오"(이사야 63:15) 라고 합니다. 그 곳은 또한 하나님께서 그리스도를 사망에서 건지신 후 **"자기의 오른쪽에 앉히신"**(에베소서 1:20) 곳입니다. 그 곳은 또 우리가 구원받았을 때 **"하나님께서 그리스도 예수 안에서 우리를 그분과 함께 살리시고, 하늘에 함께 앉게 하셨…"**(에베소서 2:6) 던 곳입니다.

하지만, 이것이 전부는 아닙니다. 지금 얘기한 하늘 말고도 여러분이 들어보지 못한 또 하나의 영적인 세계가 있습니다. 이 곳은 **'전쟁터'**(battleground)라고 부를 수 있겠습니다. 이 곳은 우리 눈에 보이지 않지만, 사탄과의 전쟁이 벌어지는 곳입니다. 사도 바울은 에베소서 2:1-2에서 그 전쟁을 이렇게 표현합니다. **"여러분도 전에는 허물과 죄로 죽었던 사람들입니다. 그 때에 여러분은 허물과 죄 가운데서, 이 세상의 풍조를 따라 살고, 공중의 권세를 잡은 통치자, 곧 지금 불순종의 자식들 가운데서 작용하는 영을 따라 살았습니다."** 또 에베소서 6:12에서는 좀 더 상세하게 얘기합니다. **"우리의 싸움은 인간을 적대자로 상대하는 것이 아니라, 통치자들과 권세자들과 이 어두운 세계의 지배자들과 하늘에 있는 악한 영들을 상대로 하는 것입니다."** 이 세 개의 장소를 이렇게 설명할 수 있습니다.

하늘
하나님의 거처 그리스도가 보좌에 앉으심. 천사들이 계속 수종 듦. 우리가 그리스도와 앉아 있음. 하나님의 뜻이 결코 도전을 받지 않는 곳.

전쟁터
사탄과 타락한 천사들의 거처. 영적인 전쟁터. 이 세상 나라가 여기에서 통제 됨. 하나님의 뜻이 항상 저항받는 곳.

이 땅
사람들이 사는 곳 이 세상 나라 하나님과 사탄을 섬기는 천사들이 활발히 활동. 하나님 나라는 우리 안에 있음! "땅에서 매인 것은 하늘에서도 매임"

이 세 영역에 대해 이번 한 주동안 살펴볼 것입니다. 이것을 알면 우리 기도의 삶이 중요하다는 것을 깨닫게 될 것입니다. 몇 가지만 미리 기억하고 넘어갑시다.

우선, 우리가 하나님의 자녀가 되면 하나님의 나라가 우리 안에 있다는 것입니다. 그러므로 우리는 이 땅에 살면서 하늘 나라를 소유합니다. 그리고 천국이 우리를 통해 이 땅에 실현됩니다.

하지만, 동시에 이 세상은 사탄이 실질적으로 지배하고 통치합니다. 그래서 사탄이 예수님께 자기 나라의 영광을 보였습니다. **"또다시 악마는 예수를 매우 높은 산으로 데리고 가서, 세상의 모든 나라와 그 영광을 보여주고 말하였다"**(마태복음 4:8).

당신이 예수님을 영접하기 전에는 바로 이런 사탄의 권세 아래 살았습니다. 그리고 당신의 가치관과 습관과 행동은 당신이 사탄의 지배 아래 있을 때 형성되었습니다. 쉽게 얘기하면, 사탄의 나라인 이 세상은 감옥이고 당신은 사탄의 죄수였습니다. 그러나 이제 당신은 예수님을 영접한 후 하늘로 옮겨졌습니다. 즉 이 땅에 이루어진 하늘나라에 속하게 된 것입니다. 이제 당신은 거기서 살 수 있고, 지금까지 경험하지 못한 것들을 듣고 보고 말하고 느낄 수 있습니다.

앞으로 몇 주 동안 공부하면서, 하늘나라의 구성원이 되려면 당신의 삶을 철저히 바꾸어야 한다는 것을 알 것입니다. 모든 것이 바뀔 것입니다. 당신은 하나님의 자녀가 되었고, 하늘나라의 시민이 되었고 그리스도의 종이 되었습니다. 하늘 나라에서 사랑하고 웃고 말하는 새로운 방법을 발견할 것입니다.

'하늘'은 또한 '하나님 나라'로 불립니다

하나님이 통치하시는 곳이 하나님의 나라입니다. 그런데 그 하나님의 나라가 이 땅에 이루어 졌기 때문에 강력한 하나님의 활동이 이 땅에서도 일어납니다. 예수님은 이렇게 말씀하십니다. **"다니면서 '하늘 나라가 가까이 왔다'고 선포하여라. 앓는 사람을 고쳐 주며, 죽은 사람을 살리며, 나병 환자를 깨끗하게 하며, 귀신을 쫓아내어라. 거저 받았으니, 거저 주어라"**(마태복음 10:7-8).

따라서 하나님 나라의 시민으로서 당신이 해야 할 중요한 일 중의 하나는 주위 사람들에게 하늘나라의 능력을 전달하는 것입니다. 당신 안에 내재하시는 그리스도께서 그분의 능력으로 역사하셔서 당신을 통하여 사람들에게 복을 주실 것입니다.

예수님께서 마태복음 마지막에 하신 말씀을 보면 이 진리가 명확해집니다. **"나는 하늘과 땅의 모든 권세를 받았다. 그러므로 너희는 가서, 모든 민족을 제자로 삼아서, 아버지와 아들과 성령의 이름으로 세(침)례를 주고, 내가 너희에게 명령한 모든 것을 그들에게 가르쳐 지키게 하여라. 보아라, 내가 세상 끝날까지 항상 너희와 함께 있을 것이다"**(마태복음 28:18-20).

여러분이 하나님 나라의 시민이 되었을 때 여러분은 또한 왕의 대리인이 된 것입니다. 그분의 임재가 항상 당신과 함께 하기 때문에, 하나님의 능력이 당신 안에서 역사하여 사람들을 만지십니다.

당신이 그리스도께 오기 전에, 당신 삶이 이토록 귀중하게 될 것이라고 상상해 보셨습니까? 하나님이 당신을 통하여 일하심으로 당신의 친한 친구들과 가족과 또한 아직 만나지 못한 사람들에게까지 하늘의 권세를 전해 주실 것입니다. 하나님은 당신을 사랑의 도구로 사용하실 것이고, 그 때 당신은 그분의 능력이 당신을 통해 다른 사람들에게 흐르는 것을 발견할 것입니다. 다시 말해서, 당신은 하늘의 영역과 이 땅의 영역을 연결하는 고리가 되는 것입니다. **놀랍지 않습니까?**

2일 하늘

성경읽기: 고린도후서 12:2-4

사도행전 14:19-20을 보면 바울이 돌에 맞아 죽은 줄로 알고 버려집니다. 그런데 동료들이 기도했을 때 그는 다시 일어났고, 다음 날 다음 사역지로 떠났습니다. 하나님의 능력이 그를 회복시켰습니다. 나는 오늘 읽은 성경 구절이 이 사건을 얘기한다고 믿습니다. 그는 **"하늘에 이끌려 올라간 것"**에 대하여 이야기하고 있는 것입니다

바울은 말로 표현할 수 없는 대단한 경험을 하였고, 그 후부터 그곳을 그리워 하기 시작했습니다. 그는 빌립보서 1:21, 23에서 그 곳으로 돌아가기를 원한다고 쓰고 있습니다. **"나에게는, 사는 것이 그리스도이시니, 죽는 것도 유익합니다. 내가 원하는 것은, 세상을 떠나서 그리스도와 함께 있는 것입니다."**

그가 얘기하는 하늘은 하나님의 보좌가 있는 곳이고, 영광을 받으신 예수님이 계신 곳입니다. 요한계시록 4:1, 2, 8에서 요한은 자기가 본 것을 이렇게 묘사합니다. **"그 뒤에 내가 보니, 하늘에 문이 하나 열려 있었습니다. 그리고 전에 내가 들은 그 음성, 곧 나팔 소리와 같이 나에게 들린 그 음성이 이리로 올라오너라…. 나는 곧 성령에 사로잡히게 되었습니다. 그런데 하늘에 보좌가 하나 놓여**

있고, 그 보좌에 한 분이 앉아 계셨습니다." 요한은 또 천사들이 보좌 앞에 엎드려서 이렇게 외치는 것을 봅니다. **"거룩하십니다, 거룩하십니다, 거룩하십니다, 전능하신 분, 주 하나님! 전에도 계셨으며, 지금도 계시며, 또 장차 오실 분이십니다!"**

하늘은 우리의 마지막 집입니다!

바울은 그 하늘을 한번 맛 본 후에, 늘 그곳을 그리워하며 살았습니다. 크리스천이라면 우리도 마찬가지로 그 곳을 소망하며 살아야 합니다. 그리고 하나님께서는 우리에게 그 소망을 주실 것입니다. 바울이 고린도전서 2:9에서 쓴 것처럼 말입니다. **"눈으로 보지 못하고 귀로 듣지 못한 것들, 사람의 마음에 떠오르지 않은 것들을, 하나님께서는 자기를 사랑하는 사람들에게 마련해 주셨다."**

제가 싱가포르에 있을 때 한 자매가 내게 물었습니다. "미국에 대해서 얘기해 주세요. 남편과 저는 곧 그곳에서 살게 될 거예요. 그곳은 어떤 곳인가요? 사람들은 어떤가요? 어떤 음식을 먹나요?" 우리가 대화를 나누는 동안에 그녀의 눈은 흥분으로 반짝거렸습니다. 왜 그랬을까요? **네, 그녀는 자기가 가게 되어 있는 곳이 궁금했고, 알고 싶었던 것입니다. 이건 당연한 반응이라고 할 수 있겠지요.** 마찬가지로, 우리가 크리스천이라면 당연히 그곳이 궁금할 것입니다. 그래서, 성경은 자주 그 곳에 대해 언급합니다. 우리도 몇 구절만 찾아 봅시다.

아래의 성경구절을 찾아보십시오.

- **창세기 21:17 _** 하갈의 아이가 울 때 하나님은 어디에 계셨습니까?

- 누가 하갈에게 하나님의 응답을 가져왔습니까?

- **창세기 28:12 _** 이 구절은 하늘과 지구의 관계를 어떻게 보여줍니까?

- **역대하 7:14 _** 하나님은 어디에서 우리의 회개기도를 들으십니까? 어떻게 응답하십니까?

위의 구절들은 하늘과 이 땅이 분명히 연결되어 있음을 보여줍니다. 우리가 기도할 때 우리는 하나님의 보좌에까지 소통하는 것입니다. 하나님과 우리 사이에 이런 특별한 접속이 있기 때문에, 기도하는 법을 배우는 것이 중요합니다.

혹시, 하늘 나라는 죽어서야 가는 곳이라고 생각하고, 지금 이 땅에서 사는 동안은 상관없다고 생각하고 있지는 않습니까? 바울이 독특한 경험을 한 것이고 우리와 같은 보통 사람들과는 상관없다고 생각하시나요?

그렇다면 에베소서 1:18-21을 주의깊게 읽어 보세요. **"[여러분의] 마음의 눈을 밝혀 주셔서, 하나님의 부르심에 속한 소망이 무엇이며,… 또한 믿는 사람들인 우리에게 강한 힘으로 활동하시는 하나님의 능력이 얼마나 엄청나게 큰지를, 여러분이 알기 바랍니다. 하나님께서는 이 능력을 그리스도 안에 발휘하셔서, 그분을 죽은 사람들 가운데서 살리시고, 하늘에서 자기의 오른쪽에 앉히셔서 모든 정권과 권세와 능력과 주권 위에, 그리고 이 세상뿐만 아니라 오는 세상에서 일컬을 모든 이름 위에 뛰어나게 하셨습니다."**

성경은 천국이 우리가 죽어야만 갈 수 있는 곳이 아니라고 분명히 얘기합니다. 에베소서 2:6은 이렇게 기록합니다. **"하나님께서 그리스도 예수 안에서 우리를 그분과 함께 살리시고, 하늘에 함께 앉게 하셨습니다."** 그리고 골로새서 3:1은 이렇게 권합니다. **"그러므로 여러분이 그리스도와 함께 살려 주심을 받았으면, 위에 있는 것들을 추구하십시오. 거기에는, 그리스도께서 하나님의 오른쪽에 앉아 계십니다."**

하나님은 당신이 그리스도를 당신의 주님으로 영접하기로 기도하는 순간 하늘에 앉게 하셨습니다. 당신이 원하면 어느 때나 그 곳으로 오고 갈 수 있습니다. 절대로 끊어지지 않는 전화선을 가지고 있는 것과 같습니다.

많은 그리스도인들이 이 점을 이해하지 못하기 때문에 주 예수님과 대화하지 않습니다. 데살로니가전서 5:17에서 바울은 **"끊임없이 기도하십시오"**라고 했습니다. 하늘과 통화하기 위해서 꼭 교회 건물에 앉아 있어야 하는 것은 아닙니다. 초자연적인 세계에서 당신은 바로 이 순간 거기에 있는 것입니다. 유다서 1:20은 이렇게 말합니다. **"그러나 사랑하는 여러분, 여러분은 가장 거룩한 여러분의 믿음을 터로 삼아서 자기를 건축하고, 성령으로 기도하십시오."**

예전에 저는 『주는 나의 피난처』(The Hiding Place)의 저자인 '코리 텐 붐'여사를 만난 적이 있습니다. 그는 나치 수용소에 갇혔던 분으로 당시 아주 연세가 많았습니다. 끔찍했던 수용소 시절에 그분은 그리스도와 기도로 끊임없이 대화하는 법을 배웠습니다. 우리가 대화하는 동안에 그녀의 입술이 가끔 움직였는데, 나는 그것이 듣는 것을 따라 말하는 연세드신 분의 습관이라고 생각했습니다. 그런데 내 말을 따라하는 것 같지 않길래, 그분께 물었습니다. "코리 여사님, 뭔가 얘기하고 계신데, 저에게 말씀하고 싶으신 것이 있나요?" 그녀는 네덜란드 억양으로 대답했습니다. "아유! 이 늙은이를 용서해 줘요. 나는 우리가 나누고 있는 이 아름다운 대화에 대해 주님께 말씀드리고 있었어요."

하나님 나라의 시민으로서 당신의 가장 큰 특권은 당신이 이미 하늘에 "그리스도와 함께 앉혀졌다"는 것입니다. "위의 것을 찾으십시오." 항상 전화선을 연결해 놓으십시오.

하루에 한 시간씩 기도하는 법

"어휴~ 그것을 어떻게 해! 누구도 그렇게 하는 사람은 없어! 말도 안돼!"라고 생각합니까? 시도해 보지도 않고 그렇게 말하지 마십시오. 여기 방법이 있습니다. 다음 여섯가지 분야에 각각 10분씩 기도하십시오. (1) 하나님께 경배. 시편 40편을 묵상하고 찬양을 크게 부른다. (2) 목회자와 교회와 목장식구들을 위한 기도. (3) 정부를 위한 기도. (4) 그리스도를 따를 필요가 있는 친구들을 위한 기도. (5) 가족을 위한 기도. (6) 당신 자신을 위한 기도. 한 번 해 보십시오! 한 시간이 금방 지나갈 것입니다.

3일 전쟁터

성경읽기: 요한계시록 12:7-8, 에베소서 6:12, 로마서 8:38-39

오늘은 성경에서 같은 하늘이라고 얘기하지만 조금 다른 하늘에 대해서 생각해 봅시다. **"그때에 하늘에서 전쟁이 일어났습니다"**(요한계시록 12:7). 여기에서 하늘은 하나님이 계시고 통치하시는 하늘이 아니라 영적전쟁이 벌어지는 '전쟁터'를 의미합니다.

이곳은 그리스도를 영접하지 않고 죽은 영혼들이 영원히 사는 곳(마태복음 10:28)인 지옥을 의미하는 것은 아닙니다. 이곳은 영적 싸움이 끊임없이 일어나고 있는 곳, 즉 "통치자들과 권세자들"(에베소서 6:12)과 천사들이 싸우는 전쟁터입니다.

이 전쟁터가 언제 생겼는지 정확히는 알 수 없지만, 성경을 통해 힌트는 얻을 수 있습니다. 아마도 이 전쟁터는 하늘의 천사장 루시퍼가 하나님과 동등됨을 취하려 했을 때 시작되었던 것 같습니다. **"웬일이냐, 너, 아침의 아들, 새벽별아, 네가 하늘에서 떨어지다니! 민족들을 짓밟아 맥도 못추게 하던 네가, 통나무처럼 찍혀서 땅바닥에 나뒹굴다니! 네가 평소에 늘 장담하더니 '내가 가장 높은 하늘로 올라가겠다. 하나님의 별들보다 더 높은 곳에 나의 보좌를 두고, 저 멀**

리 북쪽 끝에 있는 산 위에, 신들이 모여 있는 그 산 위에 자리잡고 앉겠다. 내가 저 구름 위에 올라가서, 가장 높으신 분과 같아지겠다' 하더니, 그렇게 말하던 네가 스올로, 땅 밑 구덩이에서도 맨 밑바닥으로 떨어졌구나"(이사야 14:12-15).

"내가"라고 말하는 것이 언제나 악의 뿌리입니다

이사야서 14:12-15에 나오는 교만에 가득찬 '내가'라는 말은 사탄이 하나님께 반역하려고 했을 때 사용한 말입니다. 교만과 권위에 대한 반역이 바로 악의 상징입니다. 이런 것을 볼 때마다, 사탄의 역사를 보는 것입니다! 또 유다서 1:6과 베드로후서 2:4에 언급된 **"자기들의 통치 영역에 머물지 않고 그 거처를 떠난 천사들"**이 사탄과 함께 합니다. 요한계시록 12:7-9에 보면, 사탄을 따르기로 한 천사들은 사탄을 도와 전쟁을 하며 결국 지옥에 갇힐 자들입니다.

하나님의 천사들은 전쟁터를 통과합니다

창세기 28:12에서, 야곱은 **"땅에 층계가 있고, 그 꼭대기가 하늘에 닿아 있고, 하나님의 천사들이 그 층계를 오르락내리락"**하는 것을 보았습니다. 천사들은 땅에 있는 하나님의 나라의 시민을 돕기 위하여 오는데, 우리에게 오려면 이 전쟁터를 통과하기 위해 싸워야 합니다.

이 점이 다니엘 10:12-13에 나와 있습니다. 다니엘은 큰 전쟁에 대한 환상을 깨닫기 위해 하나님께 3주 동안 힘써 기도하고 있었습니다. 드디어 가브리엘 천사가 와서 말합니다. **"네가 간구하는 말에 응답하려고 내가 왔다. 그러나 페르시아 왕국의 천사장이 스무하루 동안 내 앞을 막았다. 내가 페르시아에 홀로 남아 있었으므로, 천사장 가운데 하나인 미가엘이 나를 도와주었다."**

이런 것을 볼 때, 우리 눈에는 보이지 않지만 우리가 악한 세력과의 전쟁에 연루되어 있다는 것은 사실입니다. 믿음생활의 '어린이'로서 당신은 이 전쟁터를 빨리 이해해야 합니다. 그렇지 않고 사탄의 권세를 깨닫지 못한다면 당신은 속임을 당할 수 있습니다. 베드로는 베드로전서 5:8-9에서 당신에게 이릅니다. **"정신을 차리고, 깨어 있으십시오. 여러분의 원수 악마가, 우는 사자 같이 삼킬 자를 찾아 두루 다닙니다. 믿음에 굳게 서서, 악마를 맞서 싸우십시오. 여러분도 아는 대로, 세상에 있는 여러분의 형제자매들도 다 같은 고난을 겪고 있습니다."**

요한일서 2:13에 의하면(1장 4과를 보세요) 하나님 나라에서 젊은이로 불리기 위해 해야 되는 것은 무엇이었는지 기억하십니까? (해당되는 것 모두 ✓ 하세요)

- ☐ 한 달에 두 번 예배에 참석한다.
- ☐ 악한 자를 이긴다.
- ☐ 자기 훈련을 통하여 나쁜 습관을 고치려고 한다.
- ☐ 모두 다 맞음
- ☐ 모두 다 틀림

두번째 것이 맞습니다. 물론 영적 전쟁을 하는 것이 당신의 목표지만 전투에 진다고 해도 구원과는 상관이 없습니다. 예수님께서 당신의 죄를 갈보리 십자가에서 감당하셨을 때 그분은 사탄이 당신에게 하는 공격을 받으셨고 당신을 위해 정복자가 되셨습니다. 그분의 천사가 당신이 가는 길을 섬깁니다. 기뻐하십시오!

천국의 시민으로 태어났기에 당신은 시민권을 잃을 수가 없습니다. 이것은 아주 중요한 포인트입니다.

그것은 제가 저의 세 아들에게 "너희들은 나의 자녀가 아니다."라고 말할 수 없는 것과 같습니다. 그들이 성공하든지 실패하든지 상관없이 그들은 언제나 나의 아들이고, 그 무엇도 그 사실을 바꿀 수 없듯이, 당신은 하나님의 자녀입니다. 어떤 이유로든지 그것은 취소될 수 없습니다.

그러나 우리의 적이 누구인지 모르고 적이 전쟁터에서 어떻게 활동하는지 알지 못한다면 우리는 쓸데없는 패배를 맛볼 것입니다. 앞으로 보겠지만, 우리는 영적전쟁을 감당해야만 합니다. 이런 전쟁을 할 수 있을 때 당신은 비로소 '젊은이'가 되는 것입니다.

걱정하지는 마십시오. 출애굽기 14:14에 보면 하나님의 약속이 우리에게 있음을 알 수 있습니다. "**주님께서 당신들을 구하여 주시려고 싸우실 것이니, 당신들은 진정하십시오.**"

로마서 8:38-39에 의하면, 우리를 그리스도 안에 있는 하나님의 사랑에서 끊을 수 있는 것이 무엇이 있습니까?(해당되는 것에 ✓ 하세요)

- ▧ 천사들이나 권세자들
- ▧ 하늘에 있는 능력
- ▧ 죽음
- ▧ 모두 틀림

4일 이 땅과 하늘

성경읽기: 창세기 1:1, 로마서 8:19-23, 베드로후서 3:10-12

하늘과 전쟁터라는 영적인 두 영역을 보았으니 이제 우리가 사는 이 땅은 어떤지 공부해 봅시다. 성경은 이렇게 시작합니다. **"태초에 하나님이 천지를 창조하셨다."** 하나님이 이 땅과, 우리 눈에 보이는 하늘을 창조하셨습니다.

성경은 시편 24:1에서 얘기합니다. **"땅과 그 안에 가득 찬 것이 모두 다 주님의 것, 온 누리와 그 안에 살고 있는 모든 것도 주님의 것이다."** 어떤 사람들은, 하나님이 우주를 창조하신 후에 하늘의 거처로 돌아가셔서 세상이 알아서 돌아가도록 내버려두셨다고 생각하기도 하지만, 그렇지 않습니다. 하나님은 이 땅에서 활발히 활동해 오셨습니다. 그분은 이 땅 전부를 소유하십니다. 그분이 말씀하셨습니다. **"온 천하에 있는 것이 다 내 것이니라"**(욥기 41:11, 개역개정).

이것이 사실이라면, 왜 이 세상은 이렇게 악으로 가득할까요? 꼭 대답해야 할 아주 중요한 질문입니다.

하나님은 하늘과 이 땅을 만드신 후에 아담과 그 자손들에게 땅을 다스리라고 하셨습니다. **"생육하고 번성하여 땅에 충만하여라. 땅을 정복하여라. 바다의 고기와 공중의 새와 땅 위에서 살아 움직이는 모든 생물을 다스려라"**(창세기 1:28) 이것은 아담뿐만 아니라 저와 여러분을 포함한 모든 인류에게 주신 명령입니다.

위 말씀에 의하면 이 피조세계에 대한 당신 역할은 무엇입니까?
(해당되는 것에 ✓ 하세요)

- ▧ 아무 것도 하지 말고 하나님의 '돌보심'에 맡겨야 한다.
- ▧ 당신의 기쁨을 위해서는 피조세계를 파괴하고 남용하고 다 써버려도 좋다.
- ▧ 하나님의 관리인으로서 하나님의 지시에 따라 피조세계를 관리해야 한다.
- ▧ 하나님은 관심이 없으시니까 우리가 좋을 대로 해도 된다.

어디서부터 잘못된 것일까요?

사탄은 '인간'이라는 새로운 피조물이 땅과 하늘을 그렇게 다스리는 것을 용납할 수 없었습니다. 그는 악한 계획을 세우고는 아담과 하와에게 있는 교만을 부추겼습니다. 창세기 3:5을 보면, 사탄이 하와를 이렇게 유혹합니다. **"너희가 그 나무 열매를 먹으면**(즉 네가 하나님께 불순종하게 되면) **너희의 눈이 밝아지고, 하나님처럼 되어서, 선과 악을 알게 된다는 것을 아시고, 그렇게 말씀하신 것이다."**

아담과 하와가 하나님께 처음으로 불순종한 사람들이지만, 그들만이 그런 것은 아닙니다. 우리도 모두 같은 죄를 범했습니다. 이사야 53:6의 말씀처럼 우리는 모두 제 갈 길로 흩어진 양입니다. 그리고 내 마음대로 살기 시작했습니다. 즉 사탄의 하수인으로 살기 시작한 것입니다. 사탄의 목적은 예외 없이 파괴하는 것입니다. 요한계시록 9:11은 사탄을 파괴자(아바돈)라고 부릅니다. 이 세상의 악은 그렇게 시작되었고, 파괴되어 온 것입니다.

오래된 쓰레기 냄새를 맡아 본 적이 있습니까?

우리는 오래된 쓰레기 냄새를 맡으면 얼굴을 찡그립니다. 이 땅과 하늘은 수천 년동안 인간의 죄악 때문에 더렵혀졌습니다. 물론 실제로 가는 곳마다 쓰레기는 쌓이고 숲과 바다는 파괴되었지만, 이런 생태적인 재난은 교만한 인간들에 의해 태초부터 행해진 악행에 비하면 나은 편입니다.

잔악함, 살인, 대량 학살, 전쟁, 도둑질, 사기, 가정 파괴 등 오랜 세월동안 모든 나라에서 행해진 이런 일들을 생각하면 **"피조물은 하나님의 자녀들이 나타나기를 간절히 기다리고 있습니다"**는 로마서 8:19의 말씀을 이해할 수 있을 것입니다.

이런 절망적인 상황을 보여주는 잔악함을 최근에 목격한 것이 있습니까?

하지만, 세상은 항상 이렇게 버려져 있지는 않을 것입니다

인간의 불순종이 이렇게 지대한 영향력을 갖기에, **"모든 피조물이 이제까지 함께 신음해"**온 것입니다. 인간의 불순종이 바로 주범입니다. 로마서 8:20-23에 보면, 사람이 변해야 피조물도 변한다는 것을 알 수 있습니다. 이 세대의 마지막에 하나님의 아들들이 나타날 때 이런 일이 일어날 것입니다.

베드로후서 3:10-12에서는 하나님께서 하나님의 날에 모든 것을 불로 태우신다고 합니다. 요한계시록 21:1에서 요한은 일어날 일을 환상으로 봅니다. **"나는 새 하늘과 새 땅을 보았습니다. 이전의 하늘과 이전의 땅이 사라지고, 바다도 없어졌습니다."** 이 구절은 우리 미래에 소망의 생생한 그림을 그려줍니다. 이렇게 세상이 끝날 것이기 때문에, 우리는 지금 하나님 나라를 위해 살아야 합니다. 이 새로운 삶 공부는 하나님 나라에서의 삶을 사는 것을 도와줄 것입니다. 그리스도인으로서 당신은 바로 지금 그 곳에서 살고 있습니다.

5일 다음 단계인 세관검사

성경읽기: 에베소서 2:1-6; 디모데후서 3:2-5

언젠가 싱가포르에 갔을 때의 얘기입니다. 비행기에서 내 옆 자리에 앉은 청년은 매우 불안해 보였습니다. 싱가포르에 거의 다 와 갈 무렵 그 청년이 물었습니다. "싱가포르에서는 마약사범을 교수형에 처한다는데 사실입니까?"

나는 대답했습니다. "네 정말 그런답니다! 국경에서 마약소지자가 발견되면 바로 감옥에 가고, 유죄판결이 나면 교수형에 처해집니다."

그 청년은 한 동안 조용히 있더니 갑자기 일어나서 화장실로 갔습니다. 돌아온 그 청년의 얼굴에는 안도의 빛이 흘렀습니다. 어떤 일이 있었는지 짐작하고는 그 청년에게 말했습니다. "뭔가 위험한 것을 버렸군요?" 그 청년은 어색한 표정으로 나를 보며 이렇게 말했습니다. "아무한테도 얘기하지 않을거죠?"

공항에 도착하자 세관원은 복장과 두발과 나이로 보아 의심이 가는 그 청년을 따로 불러 방으로 데리고 갔습니다. 하지만 걱정할 것은 없었습니다. 그 청년은 아주 현명한 판단을 내렸던 것입니다. 그 청년은 자기가 들어갈 나라에서 허용되지 않는 것을 이미 버렸습니다!

생각해 보아야 할 예화입니다. 우리가 세상 나라에서 살다가 하나님의 나라로 입국한다면 이런 일들이 있지 않을까요? 우리는 천국에서 허용되지 않는 물건을 얼마나 많이 가지고 들어가려고 할까요? 우리는 하나님의 자녀가 되기 전에 오늘 성경구절에 나오는 그런 종류의 습관과 가치관을 잔뜩 가지고 있었습니다. 과거에 당신이 어떤 삶을 살아왔는지를 생각할 때 당연한 일이라고 생각하지 않으십니까?

에베소서 2:1-2을 읽고 당신이 그리스도인이 되기 전에 누구를 섬겼는지 아래에 쓰십시오.

에베소서 2:3이 당신의 과거의 삶을 나타내고 있다고 생각합니까?
(해당되는 것에 ✓ 하세요)

- ☐ 예. 인정하기 쉽지는 않지만 사실입니다.
- ☐ 아닙니다.
- ☐ 생각해 볼 문제입니다.

몇 년 전에 제 아내 룻은 응급실에서 일했습니다. 가끔 기차 사고가 난 곳에 가서 희생자들을 돕기도 했습니다. 아내는 응급한 상황에서 그들을 위해 무엇을 해야 할지 상세히 알고 있었습니다. 그러던 어느날 아내가 다른 차와 정면충돌을 하는 일이 있었습니다. 크게 다친 아내는 응급상황에서 "자, 오른팔이 부러졌으니 부목이 필요하고요, 쇼크가 일어나지 않게 링거를 놓아 주세요." 하고 말하지 않았습니다. 대신, 그녀는 겸손하게 "선생님, 도와주세요!"라고 말했습니다.

마찬가지로 당신의 상태를 스스로 판단하려 하지 마십시오. 하나님의 자녀로서 당신의 과거, 혹은 지금의 모습에 문제가 많다는 것에 대해 하나님께 동의하십시오. 그리고 자존심을 버리고 고백하십시오. **"주님, 도와주세요!"**

디모데후서 3:2-5에 나오는 버려야 할 짐의 목록을 살펴보고 당신에 해당하는 것에 밑줄을 그으십시오. 그것들로부터 놓이게 해달라고 기도를 하십시오.

- 자기를 사랑함
- 뽐냄
- 하나님을 모독함
- 감사할 줄 모름
- 무정함
- 비방함
- 난폭함
- 배신함
- 자만
- 하나님보다 쾌락을 더 사랑함
- 경건의 모양은 있으나 경건의 능력은 부인함
- 돈을 사랑함
- 교만
- 부모에게 불순종
- 불경스러움
- 무모함
- 원한을 풀지 않음(누구를)
- 절제가 없음
- 선을 행하지 않음

하나님 나라에 들어가려면 먼저 하나님 나라의 '세관검사'에서 걸릴 '버려야 할 짐'이 있다는 것을 인정해야 합니다. 불편해 하지 마십시오. 위의 목록 중 지금 당신에게 가장 문제가 되는 것들은 무엇입니까? 이런 것들을 통해 사탄은 당신을 불구로 만들고, 평화와 기쁨을 빼앗아 갑니다.

많은 사람들은 천국에 들어와서야 버려야 할 짐을 내려 놓을지 모릅니다. 옛짐을 제거하는 방법을 모르기 때문입니다.

아래 기도를 진심으로, 그리고 때때로 반복해서 해 보시기 바랍니다. 이 기도는 당신을 그 버려야 할 짐으로부터 자유롭게 할 큰 능력이 있습니다.

"예수님, 이 짐은 저와 오랫동안 함께 있었습니다. 이것을 버리려고 했지만 언제나 실패할 뿐이었습니다. 이것은 제가 손에 들고 있는 것이 아닙니다. 저의 깊은 곳에 있습니다. 저의 피부와 뼈처럼 저의 일부입니다. 어떻게 할지 모르지만 이것에서 벗어나고 싶습니다. 제가 할 수 있는 것은 아무 것도 없음을 고백합니다. 저는 주님께서 이 짐에서 저를 해방시킬 능력이 있음을 믿습니다. 주님은 제 삶에 거하시려고 하늘에서 오셨습니다. 이제 저의 삶에서 능력을 행하여 주시옵소서. **저는 스스로 이 짐을 버릴 수 없습니다. 그러나 주님께서 저에게서 이것을 가져가시면 저는 자유로워 질 것입니다!** 저의 구원자가 되심을 감사드립니다."

솔직히 고백하자면, 저도 어떤 한 사람을 25년이 넘게 제 마음 깊은 속에서 미워한 적이 있습니다. 단지 마음에 둔 것만이 아닙니다. 실제로 악하게 미워했고, 그것은 나도 모르게 나를 괴롭혔습니다. 그것이 나의 버려야 할 짐이고 나를 파괴하고 있다는 것을 하나님이 내게 보여주셨을 때, 나는 아무 것도 할 수 없다는 것을 깨달았습니다. 어느날 밤에 손을 들고 바로 위의 기도를 드렸습니다. 하나님께 웅어리를 드렸습니다. 그분은 천천히 그것을 제거하셨습니다. 20년 전의 일입니다. **그분은 당신에게도 그렇게 하실 것입니다!**

복습질문

❶ - 1 하늘과 전쟁터와 지구에 대해 알 때 우리가 깨달을 수 있는 네 가지는 무엇입니까?

❶ - 2 하나님 나라의 시민으로서 우리가 해야 할 중요한 일 중의 하나는 무엇입니까?

❷ - 1 우리가 기도할 때 우리는 어디로 소통하는 것입니까?

❷ - 2 51 쪽의 인도를 따라서 하루에 한 시간 기도하십시오.

❸ - 1 교만과 반역이 악의 상징이라고 합니다. 교만의 예와 반역의 예로 저자가 들고 있는 것은 무엇입니까?

❸ - 2 영적인 어린이가 젊은이로 성장하는 데 필요한 것은 무엇입니까?

❹ - 1 인간이 지구와 피조물을 잘 다스리지 못한 이유는 무엇입니까?

❹ - 2 우리가 하나님 나라를 위해 살아야 하는 이유는?

❺ - 1 하늘나라에 들어가기 전에 버려야 할 옛 짐을 처리하기 위해 우리가 가져야 할 바른 태도는?

❺ - 2 63쪽처럼 기도로 옛 짐을 제거하고 난 후의 느낌을 적으십시오.

3주

"이 세상 나라"

→ 지나간 것들

1일 옛 나라를 뒤로 하십시오

성경읽기: 이사야 37:15-16; 60:12; 갈라디아서 3:22, 26-28; 빌립보서 3:20

창세기를 읽어보면, 역사가 시작될 때 왕국들이 만들어지는 과정을 볼 수 있습니다. 창세기 10:8-10에 보면, '힘이 센 사냥꾼'이었던 니므롯이 자기의 왕국을 건설합니다. 그리고 그는 먹이를 쫓는 사냥꾼의 기세로 광대한 지역과 민족들을 정복해 나갑니다. 이렇게 이 세상은 처음부터 탐욕스러운 사냥꾼들에 의해서 세워져 왔습니다. 세상은 인간의 지배하려는 욕망과 왕으로 불리기 원하는 욕망으로 시작되었습니다.

이런 인간의 죄성을 잘 알고 있는 사탄은 역사의 시작부터 왕국을 건설하려는 인간을 조종해 왔고, 그렇게 모든 나라는 예외 없이 **탐욕**과 **권력** 위에 세워졌습니다.

예전에 저는 텍사스 서부에 있는 어떤 부호의 거대한 야생동물농원을 방문한 적이 있었습니다. 거기에는 온 세계에서 수입된 동물들이 있었는데, 동물의 생태를 연구하는 사람이 이런 얘기를 해 주었습니다. "여기 수백만 평의 땅이 있지만 동물들이 점령하지 않는 구역은 거의 없습니다. 예를 들어, 저 멀리 보이는 언덕은 산양의 구역입니다. 다른 동물이 저 구역에 들어가려면 죽을 각오를 해야 합니다." 그 때 저는 생

각했습니다. '사람도 자기의 왕국을 만들려고 애쓰는 면에서는 저런 동물들과 다를 바가 없구나!'

사탄은 또한 인간의 역사가 발전되어 오는 중에도 끊임없이 국가를 조종해서 인간을 분열시켜 왔습니다. 예를 들면, 중국(中國)이라는 단어의 뜻은 세상에서 본인들이 중심이라는 의미입니다. 한걸음 더 나아가서 中자의 가운데 네모는 중국을 나타내고 위의 선은 한국, 아래 선은 베트남을 나타낸다고 합니다. 그들의 생각 속에 자기네를 제외하고는 이 세상의 다른 곳은 존재하지 않았던 것입니다.

이렇게 모든 국가는 자기가 가장 **중요**하다고 생각합니다. 그리고 다른 나라들을 이방인이라고 부르며 배척합니다. 이방인들은 시민권이 없습니다. 또 어떤 사람들은 평생 자기 나라를 벗어나지 않습니다. 이렇게 국가를 신격화하는 동안 몇 세대에 걸쳐 수많은 사람들이 희생되었습니다. 20세기만 해도 1억 명이 독재자의 손에 죽지 않았습니까? 유대인 학살도 하나의 예입니다.

하지만, 하나님보다 자기 나라를 더 우선시 하는 것은 비록 어떤 형상에 절하는 것은 아니라 할지라도 **"너희는 내 앞에서 다른 신들을 섬기지 못한다"**라고 하신 첫 계명을 어기는 것이라는 것을 기억해야 합니다.

물론, 로마서 13:1-7은 우리에게 국가에 충성하고 권위에 복종하라고 가르칩니다. 따라서 우리가 시민으로서 국가에 충성해야 하는 것은 틀림이 없지만, 하나님 나라의 시민권에 더 우선 순위가 있다는 것은 잊지 말아야 합니다. 이해하기 어려울 수도 있지만, 우리는 이런 일을 자주 접하게 됩니다.

또 한 가지 기억해야 할 일은 **당신이 하나님 나라에 충성을 다짐할 때 반드시 사탄이 창조한 문화에 대한 충성은 접어야 한다는 것입니다.** 각 나라에는 그 나라마다 나름대로 고유의 문화가 있습니다. 우리는 의식하지 못한 채 이 문화에 지배당하며 살아갑니다. 물론 문화에는 좋은 부분도 많이 있습니다. 예를 들어, 어떤 사회는 이혼율이 2% 정도로 낮은데, 그 이유는 주위에 있는 모든 사람들이 이 부부가 가진 문제에 대해 풀 수 있도록 도와주는 문화가 잘 되어 있기 때문입니다. 거기에 비해서, 쉽게 이혼하는 것이 문화가 되어 이혼율이 결혼율을 넘어선 사회도 있습니다.

어떤 사회의 문화는 사악하기까지 합니다. 예를 들어, 자녀들에게 우상을 섬기라고 가르치는 문화는 악한 문화입니다. 잡혼을 강요하는 악한 사회도 있고, 마약을 인정하는 악한 문화도 있습니다. 어떤 나라의 헌법에는 하나님을 인정하지 않는 문구가 들어 있는 경우도 있습니다.

따라서, 때로는 국가의 이익이나 혹은 내가 익숙한 문화가 예수님의 가르침과 다르다면, 우리는 그리스도께 충성을 해야 합니다.

이사야 37:15-16에 보면, 누가 이땅의 나라에서 일어나는 일에 대한 궁극적인 힘과 통치권을 갖습니까?(해당되는 것에 ✓ 하세요)

- ☐ 나라를 다스리는 사람(들)
- ☐ 사탄
- ☐ 하나님
- ☐ 모두
- ☐ 전부 아님

우리는 좋건 나쁘건 지울 수 없는 이런 '세상 나라들'의 흔적들을 가지고 있습니다. 앞으로 며칠 동안 우리가 어렸을 때부터 자연스럽게 접해온 가치들을 살펴볼 것입니다.

이사야 60:12에 의하면, 하나님을 섬기지 않는 민족과 나라는 어떻게 됩니까?

갈라디아서 3:22을 당신 말로 써 보십시오.

궁극적으로 하나님의 지배를 거부하는 나라는 파멸됩니다. 강력한 나라들이 망한 예를 역사에서 많이 찾아볼 수 있습니다.

갈라디아서 3:26-28에 의하면, 믿는 자로서 우리가 형제자매 사이에서 유대 사람이나 그리스 사람을 차별하지 말아야 하는 이유가 무엇입니까?(해당되는 것에 ✓ 하세요)

- ☐ 우리는 민족적 의상을 벗고 그리스도로 옷을 입었기 때문이다.
- ☐ 인종과 문화적 배경은 더 이상 의미가 없다.
- ☐ 모두 맞음
- ☐ 모두 틀림

2일 누가 세상 나라를 지배하나?

성경읽기: 누가복음 4:5-8

오늘은 누가 과연 세상 나라를 지배하고 있는지를 좀 더 자세하게 살펴 봅시다. 예수님이 태어나셨을 때 사탄은 모든 힘을 다해 아기 예수를 죽이려고 했습니다. 그래서 예수님의 가족들은 헤롯왕이 인근의 어린 아이들을 모두 죽이라고 명령을 내렸을 때 이집트로 피해야 했습니다(마태복음 2:13-23). 또 예수님이 성인이 되신 후에도 사탄은 종교지도자들을 이용해서 예수님을 죽이려고 했습니다(마태복음12:14; 마가복음 3:6).

예수님께서 오셔서 **"회개하여라. 하늘 나라가 가까이 왔다"**(마태복음 4:17)하고 외치셨을 때 사탄은 큰 위협을 느꼈을 것입니다. 수천 년 동안 악한 사탄이 지배하던 세상에 예수님이 새로운 나라를 선포하셨고, 악의 권세는 그 새로운 나라의 출현으로 도전을 받았던 것입니다.

사탄은 세상 모든 나라의 지배자로서, 타락한 천사들과 함께 강력하고 초자연적인 시스템을 구축했습니다(다니엘 10:20-21). 사탄이 지배하는 이 나라들은 인간을 가두고 있는 일종의 감옥과 같은 것이었습니다. 사탄과 타락한 천사들은 그렇게 세상이 하나님을 아는 지식을 가로막고 있었던 것입니다. 그런데 예수님께서 그분의 나라를 세우신다면 사탄은 그 힘을 잃게 될 상황이었습니다.

세(침)례 요한에게 세(침)례를 받으신 후, 예수님은 악마에게 시험을 받으시기 위해 성령에 이끌리어 광야로 가셨습니다. 이것은 하나님이 허락하신 것이지만, 악마는 예수님을 무너뜨릴 수 있는 절호의 기회라고 생각했습니다. 악마가 예수님을 무너뜨릴 수 있었다면 하나님의 능력은 행사될 수 없었기 때문입니다.

어떻게 사탄은 짧은 시간에 모든 세상 나라를 예수님께 보여줄 수 있었습니까?
(해당되는 것에 ✓ 하세요)

- ▧ 초자연적인 현상으로 일반적인 용어로는 설명할 수 없다.
- ▧ 이것은 시공을 초월한 사탄의 능력을 보여 준다.
- ▧ 모두 맞음
- ▧ 잘 모르겠다.

누가복음 4:6에서 사탄이 예수님께 주겠다고 한 세상 나라의 두 개의 가치는 무엇입니까?

❶ ______________ ❷ ______________

위에 권세와 영광이라고 쓰셨습니까? 맞습니다. 사탄이 이 두 가지 가치로 유혹한 이유는 이 두 가치가 바로 인간의 기본적인 욕망이며 항상 인간을 무너뜨리기 때문입니다. 인간이 가장 귀하게 여기는 두가지는 다른 사람들을 지배하는 것(권세)과 다른 사람들에게 인정받는 것(영광)입니다. **예수님도 과연 이것들에 무너질 것인가?** 인류 역사상 가장 절박한 질문이었습니다.

사탄은 자기가 지배하는 모든 것을 주면서 예수님을 지배할 권리와 바꾸자고 제의했지만, 성공하지 못했습니다. 예수님은 사탄에게 어떻게 대답했습니까? 예수님의 대답을 이해하는 것이 중요합니다. 우리도 마찬가지로 하나님 외에는 이 세상나라와 거기에 있는 어떤 것도 경배해서는 안 됩니다.

사탄은 사람들에게 거짓된 가치를 줍니다!

자, 그런 사실을 기억하면서 이제 당신의 가치체계를 살펴보십시오. 혹시 당신의 가치체계에는 사탄이 침투해 있지 않습니까? 사탄은 당신이 하나님께 마음을 두는 것을 막고, 다른 어떤 것에 마음을 두도록 하기 위해 안간힘을 쓰고 있습니다. 당신은 무엇에 우선순위를 두고 살고 있습니까? 어떤 사람들은 하나님 나라에 들어왔으면서도 여전히 자신의 권세와 영광을 추구하며 살고 있습니다. 그리고 **이것들은 우리 속에 너무 깊이 뿌리 박혀 있어서 제거하기 힘듭니다.**

아래에 있는 가치들을 생각해 보십시오. 현재 당신의 생활에서 최고의 우선 순위를 두는 것에서부터 시작해서 '1'에서 '18'까지 순위를 매겨보십시오(아마 시간이 걸릴 것입니다. 원한다면 내일 계속해도 됩니다. 신중하게 순위를 매기십시오. 앞으로 이 순위를 계속 참고할 것입니다).

나의 가치 체계, 1부

순위	가치
	부자가 되는 것
	재미있는 일을 하는 것
	큰 일을 이루는 것
	갈등 없이 사는 것
	타인과 동등함을 느끼는 것
	가족을 안전하게 하는 것
	마음대로 선택하는 것
	행복하고 만족하는 것
	내부의 갈등에서 해방되는 것
	절친한 친구를 만드는 것
	범죄로부터 안전하게 되는 것
	삶을 즐기는 것 (여행, 영화 등)
	하나님의 뜻을 행하는 것
	자긍심과 자존감을 갖는 것
	인정받고 존경받는 것
	타인과 가깝게 지내는 것
	올바른 결정을 내리는 것
	권력의 욕망

3일 솔로몬의 결론

성경읽기: 전도서 1:1-2; 2:4-11; 12:13

지난 과에서 본 가치체계의 리스트에 나온 것들을 추구하며 평생을 살았던 사람이 있습니다. 바로 솔로몬입니다. 솔로몬이 왕이 되었을 때, 하나님은 솔로몬 왕에게 이전에도 없었고, 앞으로도 없을 '지혜롭고 총명한 마음'을 주셨습니다(열왕기상 3:12). 그런 솔로몬이 그의 말년에 쓴 전도서에서 이 세상 나라의 삶에 대한 비관적인 판정을 내립니다.

전도서 2:3에서 솔로몬은 그런 삶을 추구한 이유를 얘기합니다. **"지혜를 갈망해 온 나는, 술로 내 육신을 즐겁게 하고, 낙을 누려 보려고 마음먹은 적도 있다. 참으로 어리석게도 이렇게 사는 것이 짧은 한평생을 가장 보람 있게 사는 것이라고 생각하였다."** 그리고 이 모든 것을 경험했다고 말합니다. 그는 모든 것을 할 수 있는 힘과 부를 얻었고, 많은 아내와 좋은 집과 아름다운 것을 소유했습니다. 또 우리가 인생을 가치있게 만든다고 생각하는 모든 것을 소유했습니다. 그런데 그는 어떻게 결론을 내립니까? 전도서 1:2을 보십시오. **"전도자가 말한다. 헛되고 헛되다. 헛되고 헛되다. 모든 것이 헛되다."**

사탄은 바보가 아닙니다. 만약 사탄이 우리에게 부도덕과 도둑질과 폭력의 삶만을 준다면 우리는 사탄을 멀리 할 것입니다. 그러나 사탄은 행복하게 되는데 필수적으로 보이는 것들을 통해 우리에게 해로워 보이지 않는 가치를 추구하게 만듭니다. 이렇게 우리는 사탄에 속아서 잘못된 방법으로 행복을 추구하며 우리의 인생을 낭비합니다.

전도서의 마지막에서, 솔로몬은 우리의 인생을 정말로 가치있게 해주는 것은 단 하나라고 결론을 내립니다. 그것이 무엇인지 보기 전에, 그가 추구하고 살았던 몇 가지만 살펴봅시다.

전도서 2:4-11에서 솔로몬이 추구했던 가치는?(해당되는 것에 ✓ 하세요)

- 부자가 되는 것
- 하나님의 뜻을 행하는 것
- 큰일을 이루는 것
- 재미있는 일을 하는 것

1절에 나타난 그의 결론은 무엇입니까?(자신의 말로 대답하세요)

전도서 12:13에 나오는 그의 마지막 결론은 무엇입니까?

솔로몬이 인생 말기에 아래 가치의 순위를 어떻게 매겼을 것이라고 생각합니까? (첫째 순위(1)와 마지막 순위(18) 두 개만 고르십시오.)

솔로몬의 가치체계

순위	가치
	부자가 되는 것
	재미있는 일을 하는 것
	큰 일을 이루는 것
	갈등 없이 사는 것
	타인과 동등함을 느끼는 것
	가족을 안전하게 하는 것
	마음대로 선택하는 것
	행복하고 만족하는 것
	내부의 갈등에서 해방되는 것
	절친한 친구를 만드는 것
	범죄로부터 안전하게 되는 것
	삶을 즐기는 것(여행, 영화 등)
	하나님의 뜻을 행하는 것

_______ 자긍심과 자존감을 갖는 것

_______ 인정받고 존경받는 것

_______ 타인과 가깝게 지내는 것

_______ 올바른 결정을 내리는 것

_______ 권력의 욕망

사탄은 위의 목록에서 하나를 제외한 모든 것을 추구하며 살라고 유혹합니다. 하지만 사실은 **'하나님의 뜻을 행하는 것'**만이 세상 나라가 아닌, 하나님의 나라에 속한 가치입니다. 솔로몬이 얘기했듯이, 다른 모든 가치는 "헛되고 헛되고 모든 것이 헛된 것"입니다.

위의 말이 너무 지나치다고 생각합니까? 그렇다면 우리 한가지 실험을 해 봅시다. 목록을 보면서 이렇게 자문해 보십시오. "이것이 나에게 없다면 내가 얼마나 비참할까?" 예를 들어, "내 삶 가운데는 갈등 투성일거야. 나는 범죄로부터 안전하지 않아. 내 삶에는 즐길 수 있는 것이라고는 없어. 나는 가까운 친구라고는 없어. 나는 늘 가난해."

이런 생각을 하면서 위협이나 두려움을 느낍니까? 아니면, 상상이 아니라 실제로 당신은 지금 범죄로부터 안전하지 않다고 두려워하고 있습니까? 가족이 안전하지 못하다고 두려워하고 있나요? 사실 누구나 조금씩은 다 그렇습니다.

그런데 문제는 이런 두려움이 우리의 행동을 지배한다는 사실입니다. 이런 두려움은 우리가 갇힌 감방의 철창과 같습니다. 예를 들어 가난하게 자란 여인이 있다고 합시다. 그녀는 노후에 가난하게 되는 것이 두려워서 밤낮을 가리지 않고 일했습니다. 그 결과 그녀는 자녀를 돌볼 시간이 없었고 자녀들은 엄마의 사랑을 받지 못하고 자랐습니다. 결과는 어떻게 되었을까요? 그녀가 은퇴할 때쯤 많은 돈을 소유하고 있었지만 두려움으로부터 자유하지는 못했습니다. 게다가 자녀들은 다 떠나서 노년에 함께 할 사람이 없었습니다. 결국 가난함에 대한 두려움이 삶의 모든 것을 파괴한 것입니다. 이것이 사탄의 계획의 한 예입니다. 사탄은 우리가 잘못된 가치에 초점을 맞추기를 원합니다. 사탄은 우리의 눈을 멀게 해서 우리가 절대로 우리의 삶에 평화를 가져다 주지 못하는 것을 추구하면서 인생을 허비하도록 만듭니다.

4일 누가 당신을 지배하는가?

성경읽기: 요한일서 5:19; 로마서 6:20-23

오늘 두 성경구절에서 쓰인 지배(control)라는 말은 세상에 퍼져있는 사탄의 능력을 뜻합니다(역자주: NIV영어 성경에는 '세력 아래' 나 '얽매임'이 control로 번역되었음). 즉, 하나님을 믿지 않은 사람에게는 자유가 없다고 말합니다. 이렇게 모든 비신자들은 사탄의 지배 아래 삽니다.

하지만 때때로 크리스천들 조차도 사탄의 지배에 굴복합니다. 예를 들면, 예수님의 제자 중 하나인 베드로는 적이 많은 곳에 홀로 있게 되자, 예수님을 향한 용기를 잃었습니다. 그 결과 그는 하룻밤에 세 번이나 주님을 부인했습니다. 우리도 쉽게 사탄의 무리에 지배될 수 있습니다.

사탄이 인간을 지배하는 방법 중에 하나는 제 3자를 통해서 지배하는 것입니다. 예를 들어, 55살 된 한 중국 여인은 목장모임에서 "나는 우상을 숭배하는 어머니에게 상처를 주기 싫어서 신앙 얘기를 꺼내지 않아요"라고 고백합니다. 그래서 그녀는 수년 동안 믿음을 숨겼습니다. 그녀에게는 어머니에게 상처를 주지 않는 것이 그리스도를 전하는 것보다 중요했습니다. 사탄이 그녀의 어머니를 통해 그녀를 지배한 것이지요. 그녀는 누가복음 9:26말씀을 이해하지 못한 것입니다. **"누구든지 나와 내 말을 부끄럽게 여기면, 인자도 자기의 영광과 아버지와 거룩한 천사들의 영광에 싸여 올 때에, 그 사람을 부끄럽게 여길 것이다."**

그녀는 자신을 완전히 지배하는 어머니를 기쁘게 하려고 인생을 보냈습니다. 실제로 사탄은 그녀의 어머니가 75년 동안 하나님의 사랑을 보지 못하도록 지배한 것입니다. 그녀의 침묵으로 말미암아 하나님의 은혜가 어머니에게 올 수 없었고, 그녀의 어머니는 지옥에서 하나님과 영원히 떨어져 살게 되었습니다.

"우리는 늘 어떻게 우리 주변 사람들을 기쁘게 할지를 의식하며 산다"라는 말이 있는데 사실인 것 같습니다. 우리는 늘 부모, 배우자, 애인, 상사, 직장동료들의 눈치를 보고 삽니다. 사탄이 그런 사람들을 통해 우리를 지배하는 한, 우리는 절대로 하나님 나라의 풍성함을 누리지 못할 것입니다. 당신은 어떻게 하겠습니까?

거부 당할 두려움 때문에 침묵하거나 하나님의 자녀답게 행동하지 못하도록 하는 상황은 어떤 것이 있습니까?(해당되는 모두에 ☑하세요)

- ☐ 내가 가야하는 모임이 그리스도인으로서 적절하지 못한 곳이다.
- ☐ 부정한 방법을 써왔던 사업체를 인수했는데 계속 그러한 방법을 쓰지 않을 경우 손익구조에 문제가 생긴다.
- ☐ 당신이 그리스도를 주님으로 영접한 것을 모르는 옛날 친구를 만날 예정이다.

당신은 과거에 하나님이 중요하지 않은 삶을 살았습니다. 그때는 사탄이 당신의 생각을 지배했습니다. 많은 경우 지금도 사탄은 제 3자를 통해 당신을 지배하려 합니다. 당신에게는 어떤 사람들입니까? 그들이 당신을 어떻게 지배하려고 합니까? 어떻게 이 문제를 해결할 수 있을까요?

당신이 그들의 영향을 받아서 일시적으로 사탄의 지배 아래 있는 것보다 더 중요한 것은, 그리스도를 위하여 어떻게 당신이 그들에게 영향을 끼칠 것인가하는 것입니다.

누가 당신을 소유합니까?
누가 당신의 몸을 소유합니까?
누가 당신의 마음을 소유합니까?
누가 당신의 감정을 소유합니까?

4세기의 위대한 교부였던 어거스틴은 한 때 창녀들과 어울리고 시간을 보내는 거친 청년이었습니다. 그가 회심한 후 어느 날 전에 알던 한 창녀가 그의 팔을 잡고 자신의 방으로 가자고 유혹했습니다. 그 때 어거스틴은 이렇게 말했습니다. "미안하지만 나는 당신이 누구인지 모르오. 당신이 알고 있는 어거스틴은 이미 죽었고 나는 새로운 사람이오. 당신도 역시 내가 누구인지 모를 것이오."

당신도 이렇게 반응해 보시지 않겠습니까? 성령님께서 능력을 주실 것입니다. 크리스천이라고 하면서 숨어있는 사람이 아니라 공개적으로 드러내는 크리스천이 되겠다고 **지금** 결정하십시오. 벽장 속의 크리스천이 아니라 당당한 크리스천이 되겠다고 결정하십시오.

당신이 비록 예수님을 영접했더라도, 사탄은 당신이 혹시 상처를 줄까 염려하는 사람들을 통해 당신을 지배하려고 할 것입니다. **누가 그런 사람들입니까? 어떻게 처신하겠습니까?** 당신의 멘토에게 혹은 목장모임에서 이 문제를 내어놓고 나누어 보십시오. 도움이 될 것입니다. 조언과 기도를 부탁하십시오!

5일 세상 나라의 마지막

성경읽기: 다니엘 2:44; 신명기 5:8-9

하나님은 주로 성경을 통해 말씀하시지만, 때로 다른 방법으로 말씀하시기도 합니다. 다니엘서에는 느부갓네살이란 악한 왕이 꿈을 통해 하나님께 메시지를 받는 이야기가 나옵니다. 다니엘 선지자는 왕의 꿈을 해석하면서 사탄이 지배하는 세상 나라들이 멸망할 때를 이렇게 묘사합니다.

"…하늘의 하나님이 한 나라를 세우실 터인데, 그 나라는 영원히 망하지 않을 것이며, 다른 백성에게 넘어가지 않을 것입니다. 그 나라가 도리어 다른 모든 나라를 쳐서 멸망시키고, 영원히 설 것입니다"(다니엘 2:44).

이 구절을 포함해서 성경은 여러 곳에서 언젠가 세상의 나라는 무너지고 예수님께서 왕의 왕으로 다스리는 세상이 올 것이라고 말씀하십니다. 그것은 분명한 사실이지만, 우리가 기억해야 할 또 하나 중요한 것은 우리는 굳이 그 하나님 나라가 오기를 기다릴 필요가 없다는 사실입니다. 왜냐하면 하나님의 나라는 이미 와 있기 때문입니다. 누가복음 17:21에서 예수님은 "하나님의 나라는 너희 가운데에 있다"고 말씀하십니다.

그리스도인들은 이 세상에서 하나님의 나라를 이루라고 부르심을 받았습니다. 따라서, 우리는 이 세상에서 살지만 하나님의 나라는 우리 안에 있습니다. 비신자들은 세상의 신들을 경배하지만, 우리는 진정한 하나님을 경배합니다. 우리는 예수 그리스도께만 집중하기 위하여 과거의 신을 버렸습니다.

자, 그렇다면 우리는 이 세대의 '신들'인 소유와 권세와 쾌락에 어떤 가치를 두어야 합니까? 어떤 사람들은 이러한 '세상적'인 것들을 전부 무시해야 한다고 합니다. 금욕적인 삶을 살며, 즐거움을 모두 거부하고, 여흥을 부정하면서 살아야 한다고 합니다.

그에 비해, 또 다른 사람들은 하나님은 우리를 부자가 되게 하시는 분이시며, 따라서 우리는 이 세상을 마음껏 즐겨야 한다고 말합니다. 심지어 더 나아가서 그렇기 때문에 '부는 하나님이 당신을 사랑하시는 증거'라고까지 이야기합니다.

어떤 것이 맞는다고 생각하십니까? 하나님의 나라에서 소유의 문제를 어떻게 다루어야 합니까? 가장 중요한 사실은, 먼저 그것들을 섬겨서는 안된다는 것입니다. 종종 자동차나 집 혹은 취미들은 우리의 우상이 될 수 있습니다.

신명기 5:8에 의하면, 우상은 어떤 형태입니까?(해당되는 것에 ✓하세요)

- ▧ 위로 하늘에 있는 것
- ▧ 아래로 땅에 있는 것
- ▧ 땅 아래 물속에 있는 것
- ▧ 모두 맞음

동양권에는 나무와 금속과 자기로 만든 우상이 많습니다. 토속 종교의 신전에서는 뱀을 숭배하기도 합니다. 이런 많은 우상들은 **"너희는 내 앞에서 다른 신들을 섬기지 못한다"**고 하신 하나님의 첫째 계명을 범하는 것입니다. 그래서 그곳 교회에서는 우상을 섬기던 가정이 예수님께 나오면 목장 식구들이 모두 가서 우상을 파괴하도록 돕기도 합니다. 믿음의 식구들이 함께 찬송을 부르며 우상을 부수고 태웁니다.

우리가 그리스도인이 되면 예전에 소지하던 우상이나 부적은 버리는 것이 당연하다는 것을 우리는 압니다. **그러나 항상 그렇게 하고 있나요?** 사실은 그렇지 않습니다. 왜냐하면 생각하지 못했던 것들이 여전히 우상으로 존재한다는 것을 모르기 때문입니다. 어떤 사람들에게는 자동차, 가구, 테니스, 고급주택, 혹은 음식(빌립보서 3:19)이 우상입니다. 사실 하나님과의 관계를 방해하는 모든 것이 우상입니다.

또한 우리가 사랑하는 사람이 우상이 될 수도 있습니다. 제 생각에는, 아브라함에게는 이삭이 우상이 아니었나 싶습니다. 아브라함이 100세에 얻은 이삭을 너무 사랑해서, 아들이 우상이 되었기에, 하나님께서 아들을 제물로 바치라고 시험하신 것이라고 생각합니다. 아브라함에게 무척 고통스러운 시간이었습니다. 그는 하나님을 섬길 것인가, 아니면 아들을 섬길 것인가를 결정해야 했습니다. 그가 올바른 선택을 했을 때, 하나님께서 이렇게 말씀하셨습니다. "아브라함아, 네 아들을 제물로 바칠 필요가 없다. 나는 단지 네가 네 아들을 섬기는 것을 그만두기 바랐다. 네 아들이 너의 우상이 되었단다."

당신에게 하나님만큼 중요한 사람이 있습니까? 그렇다면 당신은 우상을 섬기는 것입니다. 당신의 자녀조차 우상이 될 수 있습니다.

어려운 질문을 하나 하겠습니다. 사람이나 물건에 적당한 관심을 갖는 것과 그것들이 우상이 되는 것의 차이는 무엇입니까?

하나님께 대한 당신의 전적인 헌신을 빼어갈 수 있을 정도로 사랑하는 사람이나 소유물에 대해 기도하십시오. 하나님께서 말씀하셨습니다. **"너희는 그것들에게 절하거나, 그것들을 섬기지 못한다. 나, 주 너희의 하나님은 질투하는 하나님이다"**(신명기 5:9). 옛 것을 버리십시오. 새로운 헌신으로 하나님 나라에서 사십시오!

복습질문

❶ - 1 세상나라가 세워진 두 가지 기반은 무엇인가요?

❶ - 2 성경말씀과 국가의 문화가 충돌할 때 가져야 하는 바른 태도는 무엇입니까?

❷ - 1 저자가 말한 세상 나라의 두 가지 가치(권세와 영광)에 대해 동의합니까? 생각을 써보세요.

❷ - 2 가치에 순위를 매기면서 든 느낌은?

❸ - 1 사탄이 바보가 아닌 근거는 무엇입니까?

❸-2 우리가 잘못된 결정을 내리는 가장 큰 이유는 무엇입니까?

❹-1 사탄은 어떻게 인간을 지배합니까?

❹-2 사람의 영향을 받아서 사탄의 지배 아래 있는 것보다 더 중요한 것은 무엇입니까?

❺-1 이 세대의 '신들' 세 가지는 무엇입니까? 저자의 생각에 동의합니까?

❺-2 현대사회에서 우상은 무엇입니까?

4주

"이 세상 나라"

새로운 것들

1일 'Oikos'에 관한 모든 것

성경읽기: 에베소서 2:19-22; 고린도전서 12:12-21

이번 주에는 하나님의 나라에서 꼭 필요한 새로운 개념을 배웁니다. 첫번째로 오늘은 1장 1과에서 묵상한 에베소서 2:19에 나오는 **'하나님의 가족'**이라는 단어에 관한 위대한 진리에 대해 생각해 봅니다. 여기에 쓰인 헬라어(그리스어) 원어는 **'오이코스**(oikos)**'**라는 단어인데 가족을 뜻합니다.

오이코스라는 단어를 기억하십시오. 앞으로 **오이코스**라는 말을 계속 사용할 것이고, **오이코스**와 어원이 같은 두 개의 단어를 더 배울 것입니다.

오이코스란 서로 특별한 관계인 사람들로 구성된 작은 그룹입니다. 이들은 적어도 매주 한 시간 이상 아주 개인적인 얘기를 나누는데, 이것이 그들을 오이코스, 즉 가족으로 만듭니다. 그렇게 본다면 우리에게는 오이코스라고 할 수 있는 사람이 그리 많지는 않습니다. 왜냐하면, 우리가 긴 시간동안 깊은 대화를 나누는 사람들은 그리 많지 않기 때문입니다. 우리는 많은 사람을 알고 지내고 있지만, 한 주간에 한 시간 이상 얘기하는 사람은 몇 안됩니다.

하지만 우리 삶에는 언제나 혈연이 아니더라도 '가족'처럼 생각하는 특별한 '오이코스'들이 있었습니다.

매주 적어도 도합 한 시간 동안 이야기하는 사람을 최소 네 사람 이상 적으십시오.

고린도전서 12:13에 의하면, 성령님께서 당신에게 무엇을 하셨습니까?(해당되는 것에 ✓하세요)

- ▧ 그분은 나를 그리스도의 몸으로 세(침)례를 주셨다.
- ▧ 그분은 나로 성령을 마시게 하셨다.

당신이 예수님을 믿고 죄사함을 받았을 때 성령님은 당신을 그리스도의 몸으로 세(침)례를 주신 것입니다. 세(침)례의 원래 의미는 **'푹 잠긴다'**는 뜻입니다. 따라서 우리는 예수님을 영접한 사람들이 때때로 교회는 안 다니겠다고 얘기하는 것을 보지만, 그것은 본인들이 영접하는 순간에 성령님께서 이미 그들을 그리스도의 몸에 잠기도록 하시고 그 일부가 되게 하셨다는 것을 모르기 때문에 하는 소리입니다. 성령님께서 이미 당신을 그리스도의 몸인 교회에 속하게 하셨기 때문에, 당신이 믿는 자들로 이루어진 예수님의 몸인 지역교회를 선택하여 다니고, 특별히 작은 교회인 목장에 속한 것이 당연한 일이라고 하겠습니다. 이것이 **예수 그리스도**의 몸에 속하는 것의 실제 의미입니다. 알다시피, 몸은 조직이 아니라 유기체입니다. 인간의 육체가 손과 발 등이 있듯이, 교회는 지체들을 서로 연결합니다. 이 **'그리스도의 몸'**을 성경에서 **오이코스**라고 부릅니다.

가족은 그리 크지 않습니다. 가족은 매우 가깝고 서로 돌보아 주는 소수의 사람들로 구성됩니다. 마찬가지로 우리는 교회에서도 목장 또는 다른 이름의 가족 공동체로 구성되어 있습니다. 이름이 어떻든지 간에, 성령님께서 이것을 조직하셨고, 서로 지체이면서 한 몸인 친밀한 가족, 즉 오이코스로 우리를 묶어주신 것입니다. 보통 이런 **오이코스**는 12명을 넘으면 안 됩니다. 12명을 넘게 되면 서로 의미 있는 시간을 가질 수 없기 때문입니다.

마태복음 28:18-20에 따르면, 예수님은 우리가 그분의 몸이 되도록 세(침)례를 베푸신 후에, 우리를 다른 사람들에게 보여줄 증인으로 만드셨습니다. 세(침)례가 가진 의미는 우리가 물에 완전히 잠기면서 우리의 옛 삶이 죽었다는 것과 물에서 나오면서 새 삶으로 올려졌다는 것을 말하는 것입니다(자세한 것은 로마서 6:1-10을 보십시오). 따라서 아직 예수님께서 명령하신대로 세(침)례를 받지 않았다면 가능한 한 빨리 세(침)례를 받으십시오. 이것을 위해 목자님과 상의하십시오.

당신은 **오이코스**에서 가족들과 함께하는 '주의 만찬'(The Lord's Supper)이라는 특별한 식사를 하게 될 것입니다(고린도전서 11:23-25를 보십시오). 초대교인들은 이것을 '애찬'(Love Feast)이라고 불렀습니다. 이것은 놀라운 식사입니다. 주의 만찬이 크리스천의 삶에서 어떤 의미를 가지며 어떤 위치를 차지하는지 이해하려면, 목자나 '아버지'중 한 사람에게 문의하시기 바랍니다.

지난 번 오이코스 모임(목장모임)**에 참석한 사람들의 이름을 기억합니까?**(기억하는 사람들 모두를 위해 하늘 복을 빌어주십시오!)

나의 사랑하는 형제자매들이여
와서 나의 애찬에 참여하라!
너희는 나를 기념하기 위해 모였다. 내가 너희들을 위해 죽기 전날 밤, 나는 내 제자들과 만찬을 나누었다. 나는 그들에게 이 만찬을 통해 나의 죽음을 기억하라고 말했다. 그리고 그들은 같이 먹을 때마다 내가 그들을 위해 죽었다는 것을 기억했다.
이제 하나님의 가족이 된 너희도 이 애찬을 하면서 내가 너희를 위해 한 것을 기억하기 바란다. 내가 너희들과 함께 있다는 것을 기억하면서 지체들과 함께 식사를 나누라.
이 애찬에 참여할 만한 자격이 있는 사람은 아무도 없다는 것을 기억하라!
내가 너희 대신 십자가를 졌을 때 너희의 옛 삶이 어떠했고, 내가 그것을 어떻게 처리했는지 기억하라. 애찬에 참여한 너희에게 아버지께서 말씀하신다. "너희는 내 자녀이다. 나는 너희를 사랑한다. 나는 너희를 자랑스럽게 생각한다!" 너희도 아버지를 사랑한다고 말씀드려라.
- 예수 -

(한 크리스천의 창작에서 인용)

우리가 목장모임 때마다 모여서 하는 식사가 어떤 의미인지 깨달았습니까? 이것은 단순한 식사가 아닙니다. 예수님께서 허락하신 애찬입니다.

2일 당신의 새로운 책임

성경읽기: 창세기 4:8-10; 갈라디아서 5:25-6:4; 사도행전 5:1-11

창세기에 보면 가인이 아우 아벨을 죽입니다. 하나님께서 "네 아우가 어디 있느냐"고 물으셨을 때, 가인은 "제가 아우를 지키는 사람입니까?"라고 대답했습니다. 물론 아우에 대한 질투가 살인의 직접적인 동기였지만, 사실은 더 근본적인 문제가 있었습니다. **가인은 아우에 대해서 당연히 가져야 할 책임을 느끼지 못했습니다.**

한 폴란드 사회학자의 연구에 의하면, 사람은 다른 사람들을 볼 때 세 개의 그룹으로 나누고 다른 눈으로 본다고 합니다. 첫번째 그룹은 '인간같은 사람들'(The 'People' People)입니다. 우리는 언제나 나와 동등하다고 생각하는 사람들이 있고, 그들과 관계를 갖기 원합니다.

두번째 그룹은 '기계같은 사람들'(The 'Machine' People)인데, 그들은 우리의 필요를 채워주기 위해서 존재하는 사람들입니다. 우리는 그들의 섬김을 받아야 하기 때문에 겉으로는 잘 대해주지만 그들은 기계와 다름이 없습니다. 수리공, 청소부, 계산대 직원, 식당 종업원 등이 이런 사람들입니다.

마지막은 '풍경같은 사람들'(The 'Landscape' People)입니다. 매일 수백 명의 사람들을 길이나 엘리베이터 등에서 지나치지만 우리는 그들에게 아무런 관심도 없습니다. 그들은 우리에게 중요하지 않습니다. 기차를 타면 창밖으로 스쳐지나가는 풍경속의 나무들과 같다고나 할까요? 신문에 실리는 이야기들을 보면, 살인과 강도와 강간 사건이 사람들이 많은 곳에서 일어나지만 사람들은 그저 무관심하게 지켜볼 뿐이라고 얘기합니다.

하나님의 오이코스에 속했다는 것은 이제부터 우리가 사람들을 '인간같은 사람들'로 여긴다는 것이고, 또한 믿음의 식구들을 보는 눈을 바꾼다는 것입니다. 어제 우리가 읽은 구절을 생각해 보십시오. "그러므로 눈이 손에게 말하기를 '너는 내게 쓸 데가 없다' 할 수가 없고, 머리가 발에게 말하기를 '너는 내게 쓸 데가 없다' 할 수 없습니다"(고린도전서 12:21). 예수님을 진정으로 따르는 자들은 주위에 있는 사람들에게 책임을 느껴야 합니다. 왜냐하면 예수님께서 그들 안에 거하시기 때문입니다.

진흙에서 놀던 소년이 당신의 집에 들어오려고 합니다. 당신은 어떻게 반응하겠습니까?(해당되는 것에 ✓ 하세요)

- ▧ "깨끗하게 씻고 다시 와라"
- ▧ "진흙 상관하지 말고 들어 오렴"
- ▧ "거기 있어 봐. 내가 씻겨 줄게"
- ▧ "그 버릇 좀 고치지 못하겠니?"

갈라디아서 6:1에 의하면, 크리스천의 반응은 어떻게 해야 합니까?

만약 당신이 목장 모임 중에 신분증과 현금이 든 가방을 의자에 놓아 두고 자리를 비웠다고 합시다. 목장 식구들은 서로 인사하면서 음료를 마시고 있었습니다. 자리로 돌아와서 가방 안을 보다가 현금이 없어졌다는 것을 알았습니다. 외부인은 들어오지 않았으니 당신은 목장에 속한 누군가의 짓이라고 느낍니다. 이때 당신은 어떻게 하겠습니까?

적당한 답이 없으면 아래 공간에 쓰십시오.(해당되는 것에 ✓하세요)

- ▧ 그 그룹을 떠나서 다시는 참여하지 않겠다.
- ▧ 도둑맞은 것을 목장식구들에게 말하겠다.
- ▧ 일단은 조용히 하고 도둑질한 사람을 어떻게 도울지 기도하겠다.
- ▧ 모든 사람의 몸과 소지품을 뒤져서 찾아야겠다고 말하겠다.

기타:

내가 평소에 가지고 있는 가치관이 이런 상황에서 내가 어떻게 반응할지를 결정한다는 것을 기억하시기 바랍니다. 단지, 내 주위에 도둑이 있는 것이 싫은 사람은 목장을 떠날 것입니다. 단지, 죄 지은 사람을 정죄하고 싶은 사람은 다른 사람들에게 알릴 것입니다. 단지, 돈이 중요한 사람은 몸을 뒤지자고 할 것입니다.

하지만, 없어진 돈보다 사람이 더 중요하다고 느끼는 사람은 갈라디아서에 나와 있는 대로 다르게 반응할 것입니다.

그런 일을 실제로 겪기 전까지는 다른 사람들에 대한 책임에 대해 우리가 어떻게 생각하고 행동할지 결코 알 수 없습니다. 우리가 직면하는 도전은 우리가 사탄의 가치관에 따라 행동할지 아니면 하나님의 가치관대로 행동할지의 문제입니다.

복음서에 보면 바리새인들은 간음한 여인을 예수님께 데리고 와서는 돌로 쳐 죽이기 원했습니다(요한복음 8:3-11). 그들에게는 단지 정죄가 중요했습니다. 하지만 예수님은 뭐라 말씀하셨습니까? 예수님은 그녀를 용서했고 다시는 죄를 범치 말라고 하셨습니다. 예수님의 가치관은 그들과 달랐습니다.

사도행전에 나오는 아나니아와 삽비라는 하나님 나라의 가치관이 아닌 세상적인 가치관으로 살려고 했습니다(사도행전 5:1-11). 그들은 그리스도의 지체들에게 잘 보이기를 원했을 뿐, 정작 그들은 그리스도 안에 있는 형제 자매된 사람들의 필요에는 무관심했던 것입니다. 그래서 그들은 사람들을 속이고 성령님께 거짓말을 했습니다. "제가 아우를 지키는 사람입니까?"하고 말한 가인과 같은 마음이었던 것이지요. 그 결과 그들은 그 자리에서 죽었습니다. 그들이 얼마나 드렸는가가 문제가 아니었고, 다른 신자들의 필요를 보지 못한 것이 그들의 문제였습니다.

목장에 있는 형제 자매들이 얼마나 소중한 사람들인지 마음에 새기시길 바랍니다. 머지않아, 그들의 '나쁜 점과 단점'이 보이기 시작할 것입니다. 그럼에도 불구하고 그들은 당신에게 소중한 사람들이어야 합니다.

참고 사도행전 4:35에서 신자들은 돈이 필요한 사람들에게 직접 주지 않았습니다. 대신 그들은 돈을 나누어 주도록 "사도들의 발 앞에" 두었습니다. 목장에 있는 믿음의 식구들을 돈으로 직접 돕는 것은 바람직하지 않습니다. 당신의 책임은 돈 이상의 것인 경우가 많습니다. 목장에서 돈의 문제는 생각보다 더 심각한 문제일 수 있습니다. 반드시 교회 지도자가 관여하게 하십시오.

3일 '파이스'(Pais)-아들인가 종인가?

성경읽기: 마태복음 12:18; 14:1-2; 요한일서 4:13, 17

오늘은 아주 중요한 진리를 보여주는 단어를 공부하겠습니다. **파이스**(PAIS)라는 헬라어 단어는 성경에서 자녀(child) 혹은 아들(son)이라고 번역됩니다. 기억하십시오. **파이스**는 자녀와 아들 둘 다 의미합니다. 파이스가 사용된 몇가지 예를 공부합시다.

마태복음 17:18 "…아이(PAIS)는 그 순간에 나았다." KJV에서는 "자녀"(child)로 번역했고 NASB에서는 "아이"(boy)로 번역했습니다.

위의 두 번역에서는 파이스를 자녀(child) 혹은 아이(boy)로 번역했습니다. 따라서 당신이 하나님의 '파이스'라면 당신은 하나님의 자녀 혹은 아들입니다. 이 말은 아버지와 아들과의 관계를 나타내기 위해 쓰였습니다. **이것이 요점입니다. '파이스'는 관계를 나타냅니다.** 이 말은 우리의 존귀함이 우리의 아들됨에 있다는 것을 설명하기 위해 쓰인 것입니다. **'파이스'는 관계를 나타냅니다!**

자, 이제는 이 단어가 다르게 사용되는 것을 봅시다. 이 단어가 어떻게 다르게 쓰이는지를 볼 때 놀라운 진리를 깨닫게 될 것입니다. 마태복음 14:1을 보십시오. 파이스가 예상치 못한 다른 단어로 해석됩니다. "그 무렵에 분봉 왕 헤롯이 예수의 소문을 듣고서, 자기 신하들(servants, PAIS)에게 말하였다."

'파이스'가 전혀 다르게 쓰이고 있습니다. 첫 번째 예에서는 **'파이스'**가 자녀 혹은 아들을 뜻했습니다. 두 번째 예에서는 **'파이스'**가 신하(종)를 의미합니다.

하나님의 자녀는
모두 하나님의 종이다.

한 단어가 두 개의 뜻을 가지고 있다는 것이 중요한 진리를 이해하는 열쇠입니다. **하나님의 아들이나 자녀가 된다**는 것은 동시에 우리가 하나님의 종이 된다는 의미입니다.

KJV과 현대 NASB에서 각각 파이스라는 단어를 어떻게 다르게 해석하고 있는지 네 개의 예를 봅시다.

아래에 있는 사도행전 3:13은, 첫째 것이 KJV이고 둘째 것이 현대 NASB입니다.

"하나님이 자기의 **아들**(파이스) 예수를 영광스럽게 하셨습니다."

"하나님이 자기의 **종**(파이스) 예수를 영광스럽게 하셨습니다."

파이스란 단어는 서로 바꿔쓸 수 있는 두 가지 의미가 있습니다. **아들** 예수님은 **종** 예수님이셨습니다. **종**이 되는 것은 곧 **아들**이 되는 것이었습니다.

사도행전 3:26에도 이렇게 나옵니다.

"자기의 **아들**(파이스)을 일으켜 세우시고"

"자기의 종(파이스)을 일으켜 세우시고"

사도행전 4:27과 4:30에서 다시 한 번 두 성경이 파이스를 다르게 표현합니다.

"거룩한 **아들**(파이스) 예수를"

"거룩한 **종**(파이스) 예수를"

파이스에 관한 가장 중요한 구절을 봅시다. 이사야 42:1인데, 예수님에 대한 예언입니다.

"나의 종을 보아라. 그는 내가 붙들어 주는 사람이다. 내가 택한 사람, 내가 마음으로 기뻐하는 사람이다. 내가 그에게 나의 영을 주었으니, 그가 뭇 민족에게 공의를 베풀 것이다."

이 구절은 히브리말로 쓰였습니다. 그런데 마태는 이 구절을 마태복음 12:18에서 인용하면서 헬라어인 파이스를 쓰고 있습니다.

"보아라, 내가 뽑은 나의 종(파이스)…"

분명히 이사야는 종을 의미했던 것인데, KJV도 NASB도 아들이 아니라 **종**으로 적절하게 번역하고 있습니다.

위의 네 구절은 모두 우리 주 예수 그리스도를 나타냅니다. 하나님의 아들로서의 예수님의 본성은 하나님의 **종**이라는 것입니다. 예수님이 하나님의 종이라는 것을 기억하지 않고는 우리가 하나님의 아들이신 예수님을 생각하는 것이 불가능합니다.

하나님은 예수님이 종으로 오실 것을 선포하셨습니다. 마가복음 전체는 예수님을 종으로 묘사합니다. 예수님 자신도 누가복음 22:27에서 자신에 관하여 이렇게 말씀하십니다. **"그러나 나는 섬기는 사람으로 너희 가운데 있다."** 마태복음

20:28에서도 말씀하셨습니다. **"인자는 섬김을 받으러 온 것이 아니라 섬기러 왔으며, 많은 사람을 위하여 자기 목숨을 몸값으로 치러 주려고 왔다."**

하나님의 아들이신 예수님의 본성은 종이십니다. 우리도 마찬가지입니다. **하나님의 아들 됨은 우리를 하나님의 종으로 만듭니다!**

왜 이것이 중요합니까? 왜냐하면 **우리가 하는 모든 일은 우리가 누구냐는 것의 결과이기 때문입니다.**

요한일서 4:13과 17에 나오는 구절을 봅시다.

"하나님이 우리에게 자기 영을 나누어 주셨습니다. 이것으로 우리가 하나님 안에 있고, 또 하나님이 우리 안에 계시다는 것을 우리는 압니다…그리스도께서 사신 대로 또한 우리도 이 세상에서 그렇게 살기 때문입니다."

하나님께서 우리를 자녀로 삼으셨을 때 우리에게 새로운 본성을 주셨습니다. 즉, 그리스도의 영이 우리에게 심겨진 것입니다. 그것으로 우리는 아담의 자녀들과 영원히 분리되고, 하나님의 성품을 지닌 그분의 자녀가 된 것입니다. 이것이 우리를 **존귀**하게 합니다. 하나님의 성품을 지닌 우리가 얼마나 귀한 존재일지 우리가 하늘의 아버지께 얼마나 귀하게 되었는지 상상해 보십시오!

하지만, 또 한 가지 기억해야 할 사항이 있습니다. 하나님의 **아들**이시며 **종**이신 예수님께서 우리에게 그분의 영을 주셨습니다. 그분의 영이 우리 안에 거하시면, 우리의 새로운 본성이 그분의 본성이 되는데, 그분의 본성은 다름 아닌 종의 본성입니다. 따라서 하나님의 자녀가 된다는 것은 우리가 자동적으로 그분의 종이 된다는 것을 의미합니다. 다른 선택이 없습니다. **하나님 나라에서는 우리의 삶은 종의 삶입니다.**

4일 '오이코노모스'(Oikonomos)

성경읽기: 누가복음 12:42; 고린도전서 4:1-2; 베드로전서 4:10; 말라기 3:8

어제 우리는 하나님의 자녀는 자동적으로 하나님의 종이라는 것을 배웠습니다. 이 사실을 나타낸 헬라어를 기억합니까?(그 단어를 아래에 쓰십시오)

그 단어는 ______________________________ 입니다.

오늘은 종이 된다는 것이 무엇인지 배워봅시다. 종이 된다는 것의 중요한 진리 중에 하나는 물질을 바라보는 눈을 바꾸는 것입니다. 오늘과 내일 배울 두 헬라어 단어, **오이코노모스**와 **오이코도메오**는 **오이코스**에서 파생된 말입니다. 두 단어의 뜻을 배우면 우리의 사역이 무엇인지 아는 데 도움이 됩니다. 오늘은 첫째 단어를 공부합니다.

종은 재산을 새롭게 생각하는 법을 배워야 합니다

오이코노모스는 누가복음 12:42에서 쓰였는데, '관리자'(manager) 혹은 '청지기'(steward)로 번역됩니다. 이 사람은 자기 집(**오이코스**)의 종들(servants)의 필요를 채우기 위해 주인이 임명한 사람입니다. 따라서 **오이코노모스**는 제때에 양식을 종에게 나누어 줍니다. 오이코노모스는 자신의 재산을 나누어 주는 것이 아닙니다. 주인이 그에게 맡긴 것을 나누어주는 것입니다. 즉, **오이코노모스**는 주인의 양식을 배분하는 것이고, 따라서 주인이 먼저 양식을 주어야 배분할 수 있습니다.

오이코노모스는 누구를 섬기는 것입니까?(해당되는 것에 ☑ 하세요)

- ☐ 그는 주인만 섬긴다.
- ☐ 그는 종들만 섬긴다.
- ☐ 그는 주인과 종들 모두 섬긴다.

세 번째 답이 맞습니다. **오이코노모스**의 중요성은 그가 중간에서 양쪽을 모두 섬긴다는 것입니다. 그는 자기가 받은 것으로 나누어 줍니다. 하나님 나라에서는 내가 가진 모든 자원은 주님이 주신 것이라는 것을 알고 그것으로 다른 사람을 섬깁니다. 우리가 다른 사람들에게 줄 수 있도록 그분께서 우리에게 주신 것이며, 우리가 책임을 다할 때 주실 것입니다. 하나님의 종인 파이스로서 섬기는 데 큰 책임이 있습니다.

좋은 섬기는 사람의 필요를 알아야 합니다

오이코노모스는 식량을 나누어주기 위해서 사람들의 필요에 민감해야 합니다. 성경은 양식을 제 때에 주어야 한다고 말합니다. 그러므로 배급이 필요한 사람들과 가까운 관계를 가져야 합니다. **오이코노모스**는 사무실에 앉아서 리모콘으로 배급하지 않습니다. 각자 얼마나 필요한지, 언제 필요한지 알아야 합니다. 섬김을 받는 사람들과의 관계는 자원을 공급받기 위해 주인과 함께 하는 시간만큼 중요하고, 따라서 크리스천은 다른 사람들의 필요에 민감해야 합니다.

고린도전서 4:1-2은 오이코노모스가 섬김을 받는 사람들에게 어떻게 여겨져야 되는지를 보여줍니다. 이 진리를 깨닫기 위해 두 절을 당신의 말로 다시 쓰십시오.

1절: ______________________________

2절: ______________________________

오이코노모스는 두가지 방향에서 신실함이 증명되어야 합니다. 주인에 대하여 그리고 섬김을 받는 사람들에 대해서 입니다. 이것이 하나님 나라에서 우리의 삶을 나타냅니다. 특별히 우리는 주인에 대해서 신실하기 위해서 계속해서 '하나님의 비밀'을 받아야 합니다. 우리는 그분의 은혜의 통로이기 때문입니다.

좋은 은혜를 분배합니다

오이코노모스가 나오는 세 번째 구절을 봅시다. 이 구절은 우리가 어떤 것을 나누어야 하는지 보여줍니다. "각 사람은 은사를 받은 대로 하나님의 여러 가지 은혜를 맡은 선한 관리인으로서 서로 봉사하십시오"(베드로전서 4:10).

여기서 베드로가 사용한 '은사'라는 단어는 성령님이 주신 영적인 능력을 포함합니다. 따라서, 양식이나 옷이나 신발이나 돈을 나누어 주는 것도 중요하지만, 그보다 더 많은 것이 우리를 통해 나누어질 수 있습니다. 우리가 주는 '양식'은 땅에서 오지 않고 하나님께로부터 온 것입니다(요한복음 4:32에서 예수님이 제자들에게 "나에게는 너희가 알지 못하는 먹을 양식이 있다"고 말씀하신 의미가 이것입니다).

오이코노모스로 섬길 때 우리는 우리가 '가지고' 있는 재산 (돈, 물건 등)이 실제로는 우리 주님 것이라는 것을 인정해야 합니다. '적절히 분배'하라고 이런 것을 하나님께서 우리에게 맡기신 것입니다. 우리의 소득의 십일조를 그분의 사역에 직접 드리라고 성경은 얘기합니다. 말라기 3:8은 그렇게 하지 않는 사람을 도둑이라고 확실하게 말합니다.

어떤 아름다운 정원에 멋지게 솟아있는 대나무가 하나 있었습니다. 이 대나무는 늘 자신의 큰 키를 뽐내면서 지나가는 사람들에게 자신을 자랑스럽게 흔들었습니다. 어느 날 주인이 와서 이 대나무에게 말했습니다. "대나무야, 네가 좀 필요하단다." 대나무는 말했습니다. "알아요, 주인님. 제가 다른 나무들보다 높게 흔들어서 사람들이 주인님의 정원을 방문하도록 하겠습니다." 주인은 미소를 지으며 답했습니다. "아니야. 네가 이해하지 못하는구나. 주위를 돌아보렴. 물이 없어서 다른 나무들이 말라 죽고 있단다. 나는 너를 베어서 강물을 정원으로 끌어들이는 수로로 사용하려고 한단다. 그래서 네가 필요한 것이란다." 이와 같이 **하나님께서는 지금 당신이 필요하십니다!** 이 대나무와 같이 사용될 준비가 되었습니까?

5일 '오이코도메오'(OIKODOMEO)

성경읽기: 로마서 15:2; 고린도전서 14:26

왼쪽과 오른쪽을 알맞게 연결하십시오.

파이스 •	• '관리자' 혹은 '청지기'
오이코스 •	• '자녀' 혹은 '종'
오이코노모스 •	• '가족'

이제 마지막 단어를 배울 차례입니다. **오이코도메오**. 이것도 오이코스에서 파생된 단어이고, 어제 배운 오이코노모스와는 사촌간입니다.

이 단어는 '세우다'(build up)로 해석됩니다. 때로는 건물을 세운다는 의미가 되기도 합니다. 목수는 건물을 oikodomeo합니다.

오늘 읽었던 두 개의 성경구절을 포함한 많은 구절에서는 이 단어가 다른 신자들의 "덕을 세운다"(edifying, building up)는 뜻으로 쓰였습니다. 이 말을 통해 우리는 다른 사람들을 세움(혹은 덕을 세움)으로서 주님을 섬긴다는 것이 무슨 뜻인지 새롭게 이해할 수 있습니다. 로마서 15:2에서 이 단어는 이렇게 사용되었습니다. "우리는 저마다 자기 이웃의 마음에 들게 행동하면서, 유익을 주고 덕을 세워야(오이코도메오) 합니다." 결국, 하나님 나라에서 하나님은 교회의 식구들을 통해서, 또 목장의 식구들을 통하여 당신을 세우기 원하십니다.

내가 처음 교회 다니기 시작했을 때 아무도 이것을 내게 말해 주지 않았습니다. 골방에 가서 하나님과 '경건의 시간'을 가지는 것만이 중요하다고 배웠습니다. 물론 지금도 그것을 가르쳐 준 사람에게 감사하고 있습니다. 그분의 덕분으로 경건의 시간이 나에게 일생의 습관이 되었으니까요. 그리고 저 역시도 다른 사람에게 이것이 중요하다고 가르치고 있습니다.

하지만, 하나님께서 나를 **오이코도메오** 하시기 위해 다른 신자를 통해 오신다는 것과 나도 다른 사람을 **오이코도메오** 해야 한다는 사실을 아무도 말해 주지 않았습니다. 대학 시절에 저는 하나님을 떠나 부끄러운 삶을 살았습니다. 어느 날, 잘못된 삶을 살고 있다는 스트레스로 인해 나는 기숙사의 계단에서 정신을 잃고 쓰러졌습니다. 한 선배가 저를 자기의 방에 데려다가 침대에 눕혔습니다. 그날 그는 나에게 많은 것을 말해 주었고, 이것이 제 생애의 중요한 전환점이 되었습니다.

이것이 하나님의 가족의 일원이 나를 세워준 첫번째 기억입니다. 그 선배는 말뿐 아니라 그의 안에 있는 그리스도의 임재로서 나를 세웠습니다(오이코도메오). 주님께서 그를 통하여 나의 영에 흘러 오셔서 나를 씻어 주시고 고쳐 주시고 격려해 주셨습니다.

세상에는 수많은 하나님의 사람들이 혼자서 고독해 하고 있습니다. 완전히 고쳐지고 변화되기 위해 세워질 필요가 있는 깨진 심령들이 많습니다. 본인 혼자서는 할 수 없습니다. 그리스도께서는 내 안에 거하시며 나를 통해서 그들을 치료하실 수 있습니다. 당신의 손이 그들의 고통을 만질 때 그들이 나음을 받을 것입니다!

가정교회의 주 목적 중 하나는 목원들을 세우는(오이코도메오) 것입니다. 서로 사랑하고 의지할 충분한 시간을 갖기 위해 가족으로 모이는 것입니다. 만약 각 사람이 하나님과 관련을 맺고 있는 **오이코노모스**라면 목장은 **오이코도메오** 하는 장소가 될 것입니다.

우리가 서로 세울 수 있는 다섯 가지 방법을 고린도전서 14:26에서 찾아 쓰십시오.

❶ ______ ❷ ______ ❸ ______

❹ ______ ❺ ______

이 구절에 의하면, 목장이 모일 때 얼마나 많은 사람이 덕을 세웁니까?(해당되는 것에 ✓ 하세요)

- ▧ 몇몇 영적인 회원들
- ▧ 참석한 모든 사람
- ▧ 자백할 죄가 없는 사람들만

두번째 답이 맞습니다. '각각'이라는 말은(역자 주: 원어에는 '각각'이라는 뜻의 단어가있음) 방에 있는 모든 사람들이 예외 없이 다른 사람들을 세우기 위해 나누어야 한다는 것을 뜻합니다. 믿음의 식구들을 세우고, 믿음의 식구들에 의해 세워지는 것이 하나님 나라의 시민으로서 당신이 해야 할 주요한 직무입니다. 그리스도께서 당신에게 능력을 주실 것입니다! 

복습질문

❶ - 1 오이코스의 헬라어 의미를 적으십시오.

❶ - 2 오이코스의 교회적 의미를 적으십시오.

❷ - 1 우리가 주위 사람들에게 책임이 있는 이유는 무엇인가요? 그렇다면 '주위 사람들'은 어떤 부류의 사람을 말하나요?

❷ - 2 사람을 더 알게 되면서 실망한 경험이 있으면 써 보세요.

❸ - 1 파이스란 단어에서 우리가 깨닫는 두 가지 교훈은 무엇입니까?

❸ - 2 우리의 삶이 종의 삶이 되어야 하는 이유는 무엇입니까?

❹ - 1 '청지기'에 대해 세상적으로 아는대로 쓰십시오.

❹ - 2 '오이코노모스'가 꼭 알아야 하는 세 가지는 무엇인가요?

❺ - 1 다른 사람들을 세우는 것이 주님을 섬기는 것인 이유는 무엇입니까?

❺ - 2 목장에서 오이코도메오가 가장 활발하게 이루어지려면?

5주

"종의 삶"

섬김을 위한 양육훈련

1일 성령 충만하기 1

성경읽기: 갈라디아서 5:16-21; 요한복음 7:37-39

혹시 크리스천이 되고 난 후에도 삶의 기복이 계속되어 괴로웠던 경험이 있습니까? 그 때 옛날 습관이나 태도가 여전히 당신에게 남아 있다는 것을 알고 놀라셨지요? 혹시 더 나아가 지금 당신의 삶이 엉망진창인것 같아서 진저리가 납니까?

그렇다면 당신은 귓가에서 속삭이는 이런 음성을 들었을지 모릅니다. "너는 천국에 못가! 너는 안 돼!" 당신은 사탄의 속삭임을 들은 것입니다. 이렇게 사탄은 당신이 새로운 삶을 살면서 낙심하는 것을 보며 기뻐하고 있습니다.

갈라디아서 5:16-21을 읽으십시오. '육체의 행실' 중 어떤 것이 당신에게 해당됩니까?(쓸 필요는 없습니다. 그냥 생각해 보십시오.)

이런 일을 하고 나면 기분이 어떻습니까? 비참해지지요? 이런 일로부터 자유로워지기를 원합니까? 당신의 삶에서 더 많은 성령의 열매를 맺기 원합니까?(갈라디아서 5:22-23 참고)

성령 충만이 해답입니다!

예수 그리스도를 구세주와 주님으로 영접하는 기도를 했을 때 당신은 당신 안에 성령님을 모셨습니다. 이제 성령님은 당신의 삶에 언제나 거하고 계십니다. 그럼에도 불구하고, 성경에 보면 우리는 다음의 네 가지 방법으로 성령님의 임재하심에 반응할 수 있습니다.

❶ 당신은 성령님을 **거역할**(resist) 수 있습니다. 사도행전 7:51에 보면 종교의식은 잘 지키지만 성령님의 인도에 무감각한 사람들이 나옵니다. 분명히 들리는 성령님의 말씀에 따르기를 거부할 때마다, 우리는 성령님을 거역하는 것입니다.

❷ 당신은 성령님을 **슬프게 할**(grieve) 수 있습니다. 에베소서 4:30-32에 따르면, 우리가 악독과 격정과 분노와 소란과 욕설을 할 때, 우리는 우리 안에 계신 성령님을 슬프게 하는 것입니다.

❸ 당신은 성령님을 **소멸할**(quench) 수 있습니다. 데살로니가전서 5:19에 보면, 우리는 성령의 불을 소멸할 수 있습니다. 우리가 반복적으로 그 분을 무시하고 살 때 성령님이 우리 가슴에서 불타기를 중단하실 수 있습니다. 그것은 슬픈 일입니다.

❹ 우리는 성령님에 **충만할**(filled) 수 있습니다. 에베소서 5:18에서 "성령의 충만을 받으십시오"라는 말은 계속적 진행형이라는 헬라어의 시제를 사용하고 있습니다. 바울은 "성령 충만을 받고, 받고, 계속해서 받아가라"고 말하는 것입니다.

우리가 성령님께 반응하는 행위와 방법을 적절히 연결하십시오.

충만함 •	• 그분의 인도를 따르기를 거부함
슬프게 함 •	• 반복적으로 성령님의 권위를 거부하며 살아감
거역함 •	• 그리스도의 생명이 당신의 모든부분을 주관하시기를 원함
소멸함 •	• 가족에게 못되게 행동함

성령의 충만을 받는 방법

우리는 성령충만이 우리 안에 그리스도의 생명이 끊임없이 흘러 넘치는 것임을 분명히 알아야 합니다. 사람들은 신앙을 가질 때 어떤 강렬한 체험을 하는 경우가 있습니다. 이 체험은 사람들마다 다르기 때문에 다들 다르게 표현하고, 그것이 때론 우리를 혼동시키기도 합니다. 그러나 어떻게 표현하는가는 사람들마다 다를 수 있지만 이 경험은 결코 논란의 여지가 없는 사실입니다. 하지만 중요한 것은 이 한번의 경험으로 하나님께서 십자가에서 우리에게 주신 모든 것을 다 받은 것은 아니라는 사실입니다.

우리는 누구나 삶 가운데 이렇게 고백할 때가 옵니다. "제 모든 것을 예수님께 내어 드리기 원합니다. 임하셔서 저의 모든 것을 주장하여 주시옵소서." 우리는 때때로 인생 가운데서 우리의 모습이 너무나 약하고 실망스러워서 좌절하는 가운데 드리는 기도 속에서 이런 고백을 하게 됩니다. 이 때가 바로 내 마음이 하나님을 간절하게 찾고 있을 때입니다.

창세기 32:26에서 보이는 야곱이 이런 상태였습니다. 그는 일생 동안 사람들을 속이며 사기꾼으로 살아왔습니다. 그날 밤 그의 자존감은 완전 바닥에 던져졌고, 애타는 마음으로 하나님의 천사에게 "저를 축복해 주시지 않으면 보내 드리지 않겠다"고 버텼습니다. 그리고 하나님이 그를 만지시자, 그의 삶의 모든 것이 변했습니다. 얼마나 많이 변했는지, 하나님은 그에게 '이스라엘'이라는 새 이름까지 주셨습니다. 이것이 성령 충만의 시작입니다.

당신은 그리스도인의 삶이 패배를 거듭하는, 그래서 '죄 짓고 회개하기'를 반복하는 삶이라고 생각하십니까? 그렇다면 그 이유는 당신이 하나님을 의지하지 않고 자신의 힘으로 하려고 하기 때문이며, 계속 그렇게 한다면 결국 당신은 실패할 것입니다. 성령님께서 당신의 삶을 주관하시도록 하시겠습니까? 그러려면 죄를 짓지 않으려는 당신 혼자만의 노력을 포기하십시오. 그러면 성령님께서 그리스도의 성품을 당신 삶에 가져다 주실 것입니다. 그것이 그분의 '열매'입니다 (갈라디아서 5:22-23). **그분이 열매를 맺게 하십니다.** 여기서 성령의 열매라고 할 때 복수가 아니라 단수 단어를 썼다는 사실에 주목하십시오. 성령님께서 이런 모든 성품을 갖게 하십니다. 일부가 아닌 모든 성품이 성령님께 모든 통치를 맡긴 사람에게 나타날 것입니다.

요한복음 4:14에서 예수님이 말씀하셨습니다. "그러나 내가 주는 물을 마시는 사람은, 영원히 목마르지 아니할 것이다. 내가 주는 물은, 그 사람 속에서, 영생에 이르게 하는 샘물이 될 것이다."

요한복음 7:37-39에 따르면, 요한복음 4:14에 나오는 '물'은 무엇을 나타냅니까?

성령님께서 당신의 삶을 주관하게 해 드리는 세 단계입니다.

① **겸손히 오라:** "누구든지 목마르거든 내게로 와서 마시라" 당신이 목마르다면 성령님께 고백하십시오. 당신이 충만하지 않다는 것을 알고 진정으로 충만하기를 원한다는 것을 고백할 때 비로소 충만이 시작됩니다. 겸손하십시오.

② **확신을 갖고 구하라:** "너희가 내 이름으로 구하는 것은, 내가 무엇이든지 다 이루어 주겠다. 이것은 아들로 말미암아 아버지께서 영광을 받으시게 하려는 것이다."(요 14:13) 예수님은 우리에게 구할 때 주저하지 말고 구하라고 하셨습니다. 담대하게 구하십시오.

③ **감사히 받으라:** 성령님은 때때로 엄청난 파도와 같은 능력으로 오시기도 하고, 잔잔한 기쁨의 물결로 조용히 오시기도 합니다. 방법에 상관없이 성령님은 능력으로 오십니다. 성령님의 임하심은 선물입니다. 감사하십시오.

2일 성령 충만하기 2

성경읽기: 누가복음 11:11-13; 사도행전 9:17

과학 시간에 선생님이 학생에게 컵에 물을 가득 담으라고 합니다. 그 후 선생님은 물이 가득 들어 있는 그 컵에 반 컵 정도 양의 모래를 붓습니다. 당연히 반 컵의 물이 넘쳐버렸겠지요. 선생님은 지금 두 물질은 같은 공간에 동시에 공존할 수 없다는 '**치환법칙**'을 실험으로 보여 주신 것입니다. 이런 치환법칙은 영적인 면에서도 적용됩니다.

따라서 성령 충만을 받고자 할 때 가장 먼저 살펴보아야 할 곳은 나의 내면입니다. 만약 불순종과 불신이 우리의 생각과 마음속을 채우고 있다면, 그 곳에는 성령님께서 함께 계실 수 없습니다. 그래서, 충만이 있기 위해서는 먼저 비움이 있어야 합니다. 우리에게 냉소적인 영이 있다면 믿음의 공간은 없습니다. 우리의 심령에 쓴뿌리가 있다면 기쁨의 자리가 없습니다. 우리의 '속사람'을 비울 때 성령님께서 임재하셔서 채울 공간이 있게 됩니다.

수많은 그리스도인들이 성령의 충만함 없이 신앙생활을 하고 있습니다(그런 사람들을 이미 만나보셨지요?). 이유는 간단합니다. 그들은 하나님 나라에 발을 발꿈치 만큼만 담그고서는 이렇게 말합니다. "난 이 정도 신앙생활이면 족해. 그 이상 들어가고 싶지 않아. 난 결코 광신자처럼 되지 않을거야. 적당히 조절하면서 교회생활을 할거야!" 그들은 적당한 교리적인 입장을 정해두고 자신을 정당화하기도 합니다. 그들은 결코 하나님의 깊은 곳에 잠기지 못합니다.

당신이 성령님의 임재 안에 완전히 잠기게 되면, 때로 바보처럼 느껴질 수도 있습니다. 우리는 건장한 남자도 하나님이 만지시면, 은혜를 받아 사람들 앞에서 흐느끼며 눈물을 흘리는 것을 봅니다. 당신이 아직 체면이 중요한 사람이라면, 그런 성령 충만의 순간이 당황스러울지도 모르겠습니다.

다이온 로버트는 아이보리 코스트에 있는 큰 교회의 담임목사입니다. 어느 날 밤 그는 에스겔 47장을 읽고 있었습니다. 에스겔 예언자가 성전에서 흘러 나온 물이 처음에는 발목에 차는 물이었다가, 그 다음에는 무릎에 차는 냇물로, 그 다음에는 허리에 차는 강으로, 드디어는 잠길만큼 물이 깊어 "걸어서 건널 수 없는 물"(에스겔 47:5)이 되는 곳까지 다다르는 장면을 읽을 때, 주님께서 그에게 물으셨습니다. "다이온아, 내가 너를 깊고 물살이 빠른 발이 닿지 않는 강까지 데려 가려고 한다. 너는 마음의 준비가 되었느냐? 하나님 나라의 깊은 곳까지 나를 따라 와서 완전한 내 종이 되겠느냐?" 그런 하나님의 부르심과 씨름하다가 결국 그는 외쳤습니다. "예, 주님! 가겠습니다. 인도하시옵소서!" 그날 밤 이후, 주님은 다이온 로버트 목사를 사용하셔서 서아프리카와 유럽과 미국에 있는 수많은 사람들을 주님께로 인도하셨습니다.

성령 충만을 받으려는 동기가 중요합니다

당신은 어떤 이유로 성령 충만을 원하고 있습니까? 동기가 바르지 않다면 성령님은 결코 당신을 채우지 않으실 것입니다. 혹시 당신의 동기가 큰 능력을 받아 자랑하고 관심을 끌겠다는 것이라면, 그런 동기가 컵의 모래같은 죄임을 고백하십시오. 그러나 만일 당신의 동기가 더 좋은 주님의 **파이스**가 되는 것이고, 더 나은 하나님의 도구가 되는 것이라면, 또 그리스도를 닮은 모습을 보여주는 것이 당신이 원하는 것이라면, 당신은 성령의 충만함을 받을 수 있을 것입니다. 그리고 성령의 충만을 받게 되면 당신의 삶은 완전히 바뀔 것입니다! 당신이 지금 중요하다고 생각하는 많은 것들에 흥미를 잃게 될 것입니다.

분명한 것은, 당신이 하나님 나라의 더 깊은 곳으로 옮겨 가서 결코 기대하지 않았던 보물을 발견할 것이라는 것입니다. 저 역시도 제 삶 가운데 하나님의 임재하심이 너무 귀하고 강해서 숨을 쉴 수조차 없었던 순간들이 있었음을 고백합니다.

누가복음 11:11-13을 읽으십시오. 성령님을 구하면 하나님은 어떻게 반응하십니까?(성경구절을 묵상할 때 하나님이 주신 생각을 적으십시오)

다른 지체를 통해 성령 충만을 받을 수 있습니다

다른 지체를 통해 성령 충만을 받으려면 먼저 상처의 문제를 해결해야 합니다. 만약 당신이 하나님 나라에 들어와서도 예전의 깊은 상처가 있다는 것을 고집한다면 다른 사람들을 향해 마음을 열지 못할 것입니다. 당신은 과거의 아픔이 너무 커서 사람을 믿기를 두려워합니다. 그래서는 방법이 없습니다. 그러나, 기억하십시오. 당신의 속사람은 치유받기를 간절히 원하고 있습니다. 성령님이 당신을 어떻게 도우실 수 있을까요? 믿음의 식구들 안에서 답을 얻을 수 있습니다. 당신이 마음을 열고, 목장 식구들과 삶을 나눌 때 치유가 일어납니다. 하나님께서는 당신에게 도움이 필요하다는 것을 아시기 때문에 다른 사람을 통해 당신에게 성령님의 은혜로 충만히 채우실 것입니다.

사도행전 9:17을 읽어 보십시오. 사울에게 시력을 회복하게 하고, 또 성령님이 오시게 하기 위해 아나니아는 그의 손으로 무엇을 했습니까?

사울에게 ______________________ 을 얹었다.

아나니아가 말했습니다. "주 예수께서 나를 보내셨소. 그것은 그대가 시력을 회복하고, 성령으로 충만하게 되도록 하시려는 것이오." 아나니아는 주님께 순종하여 사울에게 손을 얹었고, 하나님의 성령이 눈 먼 사울에게 흘러 들어갔습니다.

우리는 성경의 여러 곳에서, 하나님이 다른 사람의 손길을 통해서 성령님을 보내시는 것을 볼 수 있습니다. 이것이 우리가 교회의 가장 작은 단위인 목장에 속해야 하는 이유입니다. 우리 모두는 그리스도 안의 형제와 자매들에게 하나님의 사랑과 은혜를 전해 주는 대리인이 될 수 있습니다. 사울은 아나니아가 필요했고, 에디오피아 내시는 빌립이 필요했고, 고넬료는 베드로가 필요했습니다. 이 모든 경우에, 성령님은 이 사람들을 하나님의 은혜의 전달자로 보내셨습니다. 사도행전에는 하나님이 한 사람의 필요를 채우시기 위해 다른 사람을 통해 일하시는 예로 가득 차 있습니다.

복습: 아래의 단어를 알맞는 정의와 연결하십시오(도움이 필요하면 91, 100, 104, 108쪽을 참고하십시오).

파이스 •	• "세우다" 혹은 "덕을 세우다"
오이코스 •	• "자녀" 혹은 "종"
오이코노모스 •	• "가족"
오이코도메오 •	• "관리자" 혹은 "청지기"

3일 성령의 역사 1

성경읽기: 고린도전서 12:1-11

우리가 만일 우리를 통해 성령님의 능력이 다른 사람에게 흘러가게 하는 일에 쓰임을 받고자 한다면, 먼저 우리가 성령 충만하기를 원해야 합니다. 이런 일을 위해서 성령님께서 내 안에서 행하시는 초자연적인 활동을 우리는 '은사'라고 부릅니다. 성경에는 성령님의 활동을 나타내는 몇가지 단어가 쓰였습니다. 1절에 있는 '신령한 은사들'은 '숨결'이라는 의미를 내포합니다. 4절에 있는 '은사'는 '은혜의 선물'이라는 의미이고, 그리고 6절에 있는 '일의 성과' 또는 '일을 하시는'이라는 단어에는 영어로 '에너자이징' 즉 '활력을 주신다'는 의미가 들어있습니다.

이런 모든 영적인 에너지는 성령님이 소유하고 계신 것들입니다. 따라서 성령을 떠나서는 은사가 존재할 수 없고, 또한 불신자에게도 나타나지 않습니다. 이것은 성령 충만한 그리스도인에게만 나타납니다. 하지만, 그렇다고 해서 그리스도인 자신이 언제, 어디서 그 은사를 사용할지 결정하는 것도 아닙니다. 즉 우리가 성령의 은사를 사용하는 것이 아닙니다. 다만, 성령님이 우리를 채우시고 그분의 뜻과 시간과 장소에 따라 우리를 통해 그분의 능력을 흐르게 하십니다.

고린도전서 12:7을 보면 **"각 사람에게 성령을 나타내 주시는 것은 공동 이익을 위한 것입니다."**라고 얘기합니다. 성령의 역사는 우리 안에서 일어나기도 하지만, 우리를 통해서 다른 사람들을 위해서 일어납니다. 은사는 나 자신을 위해서뿐 아니라 그리스도의 몸인 교회의 유익과 성장을 위해 사용됩니다. 그래서 목장 안에서 자기의 은사를 통해 각 목원이 다른 목원들을 세워 나가는 것이(오이코도메오) 중요합니다.

그러면 은사는 어떻게 받을 수 있을까요? 7절을 다시 보십시오. 은사는 "각 사람"에게 주어진다고 말합니다. 이 말의 뜻은 분명합니다. **각 사람은 모든 사람이라는 의미이고 거기에는 당신이 포함됩니다.** 성령님은 "특별한 사람"들을 택하지 않으십니다. 당신이 성령의 충만함으로 행한다면, 성령님은 은사를 다른 사람에게 나누어 주시기 위해 당신을 사용하실 것입니다.

그러므로 "은사를 내가 받는다" 는 표현보다는 "우리 모두는 은사가 나누어지는 통로이다"는 표현이 더 맞는 말입니다. 11절을 봅시다. **"이 모든 일은 한 분이신 같은 성령이 하시며, 그는 원하시는 대로 각 사람에게 은사를 나누어 주십니다."**

성령님께서 '나에게는 어떤 은사도 안 주시면 어쩌지?' 하고 걱정하지 마십시오. 하나님이 당신을 통해 일하시는 것은 당연한 일입니다. 염려하지 마시고, 마음을 편안히 갖고 다만 그분과의 교제의 시간을 늘려 나가십시오! 당신이 쓰임을 받을 준비가 되어 있고 그분과 교제가 깊어지고 있다면 그분은 분명히 당신을 통하여 역사하실 것입니다. 그리고 점차로 당신은 하나님께서 당신을 사용하시는 방법에 대해 이해하게 될 것입니다. 하나님은 당신을 가장 잘 아시기 때문에 당신의 성품과 특징에 맞게 사용하신답니다.

저는 한 때 같이 사역하던 엘리라는 중년 부인을 기억하고 있습니다. 그녀는 별로 관심을 끌지 않는 조용한 여인이었습니다. 누구도 그녀를 '영적'이라고 부르지 않았습니다. 하지만 그녀는 주님을 사랑했고 성령님과 충성스럽게 동행했습니다. 저는 목사여서 누군가 사망하면 죽은 사람의 집을 방문하곤 했습니다. 제가 그 곳에 도착하면, 어떻게 소식을 들었는지 엘리도 이미 거기에 있었습니다. 제가 가족을 위로하는 동안 그녀는 조용히 설거지를 하고 커피를 타서 날랐습니다. 또 친척들이 와서 잘 것을 예상하고 조용히 침대보를 정돈하고 빨래를 했습니다.

그녀는 '좋은 이웃' 이상의 일을 한 것입니다. 저는 그녀 안에 있는 성령님께서 '남을 돕는'(고린도전서 12:28) 사랑스러운 은사를 사용하도록 그녀에게 역사하고 계신 것을 느낄 수 있었습니다.

언젠가 목회를 쉬고 있을 때였는데, 하루는 긴급한 전화 한 통을 받았습니다. "네이버 목사님, 목사님 댁 근처에 있는 집에서 응급사태가 발생했습니다. 아내가 심하게 앓아 누어있는 상태에서 남편이 침대 앞에서 권총으로 자살했습니다. 그녀와 아이들은 놀라서 거의 죽게 되었습니다. 우리가 가는 동안 먼저 좀 가 주시겠습니까?"

제가 가서 시체를 치우고 아내와 아이들을 옆집으로 보낸 다음에 저는 카페트와 침대보에 튄 피를 보았습니다. '식구들이 이것을 보아서는 안 될텐데 누가 도와줄 수 있을까? 그렇지. 엘리!' 저는 곧 그녀에게 전화를 했고, 그녀는 소다수와 천을 가지고 바로 와 주었습니다. 우리는 같이 무릎을 꿇고 비극의 자국이 제거될 때까지 닦았습니다.

도르가(사도행전 9:36-41)처럼, 엘리는 곤란한 지경의 사람들을 돕는 은사를 나타냈습니다. 그녀의 은사는 흔히 말하듯 영적이지는 않았지만, 다른 사람들을 세우는데 사용되었습니다.

성경을 읽으면서 사람들이 그런 식으로 은사를 통해서 사용받은 경우를 찾아보십시오. 그리고 성령님께서 다른 사람들을 축복하는데 당신을 사용하셨던 경우를 생각해 보고 그분의 **파이스**가 된 특권을 주심에 감사하십시오.

고린도전서 12:1-11을 주의해서 읽으십시오. 아래의 생각이 나오는 구절을 찾아서 왼쪽에 절을 쓰십시오.

______ 성령님은 "예수를 주님이시다"라고 말하게 하신다.
______ 지혜의 말씀과 지식의 말씀
______ 믿음과 병 고치는 은사
______ 은사는 공동이익을 위하여 주신다.
______ 성령님이 누구에게 어떤 은사를 주실지 결정하신다.
______ 이 구절은 하나님과 일의 성과를 언급한다.
______ 이 구절은 주님과 섬김을 언급한다.
______ 이 구절은 성령님과 은사를 언급한다.
______ 성령의 열매를무시하지 않는다.
______ 우리는 흔히 능력은 우상에서 온다고 믿는다.

4일 성령의 역사 2

성경읽기: 고린도전서 12:31-14:1

제가 싱가포르에서 살았던 아파트는 창문을 통해 하수로를 볼 수 있었습니다. 4층에서 하수로를 내려다 보면 그것이 얼마나 정교하게 건설되었는지 알 수 있었습니다. 콘크리트로 단단하게 바닥과 옆면을 세웠고, 빗물이 흘러 들어오는 입구가 여기 저기 설치되어 있었습니다. 비가 오지 않을 때 하수로는 완전히 비어 있지만, 큰 비가 오면 거세게 흐르는 빗물로 가득차곤 했습니다.

날이 맑을 때는 하수로의 가치를 알 수 없습니다. 하지만 비가 올 때면 사람들은 하수로의 가치를 압니다. 만약 하수로가 없다면 그 지역은 금새 물바다가 되고 진흙탕으로 변하고 말테니까요.

성령의 은사란, 하나님으로부터 나온 사랑의 물줄기가 우리를 통해 다른 사람들에게 흘러가도록 하는 '영적인 콘크리트 수로'입니다. 바울은 고린도전서 13장에서 우리가 성령의 은사를 그 목적과 다르게 사용한다면 아무 가치가 없다고 합니다. 따라서 중요한 것은 내가 어떤 은사를 가졌느냐가 아니고, 어떻게 받은 은사를 사용하는가에 초점을 맞추는 것입니다.

고린도전서 14:1을 보면 "사랑을 추구하십시오. 신령한 은사를 열심히 구하십시오"라고 합니다. 이 구절을 통해서 우리는 사람들이 은사를 사용할 때 그것이 어디서부터 왔는지를 알 수 있습니다. 어떤 사람에게 은사가 나타나면 사람들은 놀라고 그 사람을 대단한 그리스도인으로 보곤 합니다. 하지만 우리는 이때 그 은사의 동기를 살펴보아야 합니다. 은사가 사용되는 동기가 사랑이라면 그 은사는 위로부터 온 것일 것입니다. 만약 그렇지 않다면 질문해 봐야 합니다. 사도 바울도 고린도전서 14:29에서 은사를 '분별하라'고 했기 때문입니다. 바울은 고린도전서 13장에서 은사는 사랑에서 나와야 하며, 사랑이 없으면 아무 것도 아니라고 확실히 가르칩니다.

여기 쓰인 '사랑'의 원어는 **아가페**(agape)입니다. 사랑이라고 번역되는 헬라어의 단어가 세 개 있습니다. 첫번째는 **필레오**(phileo)로 '형제의 사랑'을 뜻합니다. 둘째는 **에로스**(eros)로 남녀 간의 사랑을 뜻합니다. **아가페**는 완전히 다릅니다. **아가페**는 받는 사람의 아름다움 때문에 하는 사랑이 아니라 사랑을 주는 사람의 인격에서 나오는 사랑입니다.

아가페 사랑이 로마서 5:8에 나와 있습니다. "우리가 아직 죄인이었을 때에, 그리스도께서 우리를 위하여 죽으셨습니다. 이리하여 하나님께서는 우리들에 대한 자기의 사랑(아가페)을 실증하셨습니다." 죄인이었던 우리에게 무슨 호감이 있었겠습니까? 그러나 그분의 사랑은 우리의 추함을 보시지 않고 그분의 생명을 우리에게 주셨습니다.

여러분의 목장에도 당신이 좋아하지 않는 문제있는 목장식구들이 있을 것입니다. 만약 당신이 그를 보면서 "아휴, 저런 사람과는 상대하지 않을거야!"라고 했다면, 당신 목장에는 문제 있는 사람이 둘이 있는 것인데, 바로 당신이 두번째 사람입니다. 사랑이 없다면, 당신을 통해 은사가 나타날 이유가 없습니다. 은사의 통로가 되는 첫번째 요구조건은 **아가페** 사랑을 갖는 것입니다.

당신은 어떻게 하겠습니까? 아래의 상황은 목장모임에서 실제로 일어났던 것입니다.

❶ 수잔은 어떤 이유로 빚을 많이 졌고, 갚을 수 없게 되자 그곳을 몰래 도망쳐 나와서 새로운 곳에서 살고 있다. 그녀가 새로 다니게 된 목장모임에서 자신의 비밀을 고백했다. 그럴 때 당신은 어떻게 할 것인가?(해당되는 것에 ✓하세요)

- ▧ 빚을 갚도록 돈을 빌려주겠다.
- ▧ 빚을 갚도록 두 개의 직장을 가지라고 말하겠다.
- ▧ 그녀가 만든 문제니까 그녀가 해결하도록 한다.
- ▧ 기타: ______________________

❷ 17세 난 목장식구의 딸이 남자친구와 밤을 새우고 들어왔다. 걱정에 빠진 그 부부는 당신과 상담하기를 원한다. 당신은 어떻게 할 것인가?

- ▧ 하나님께서 그들을 돕도록 기도하고 물러난다.
- ▧ 그들을 대신해서 딸과 만나 이야기하겠다.
- ▧ 기타: ______________________

❸ 목장식구 자녀의 얼굴에 멍이 들었다. 아빠가 때린 것이 분명하다. 목장모임에서 그는 자기가 믿음이 있다고 하며 건방지게 행동한다. 당신은 어떻게 할 것인가?

- ▧ 위선자라고 그를 강하게 나무란다.
- ▧ 그의 영적인 파산을 이해하려고 노력한다.
- ▧ 기타: ______________________

위의 각 예에서 사람들은 도움을 받지 않으면 풀 수 없는 내적이고 영적인 문제를 갖고 있습니다. 그들 혼자서는 하나님께 나아가지 못합니다. 그들은 모두 잘못된 가치의 포로들입니다.

이런 상황에서 **아가페** 사랑에서 나오는 성령의 은사의 흐름이 절실히 요구되는 것입니다. 지혜의 말씀의 은사, 곤란한 사람을 돕는 은사, 영 분별의 은사 등이 문제의 해결을 도울 것입니다. 그리고 그 해결의 근원이신 성령님은 우리를 대리인으로 사용하셔서 스스로 문제를 해결할 능력이 없는 사람들을 도우십니다.

마음에 안드는 사람에게 **아가페** 사랑을 보인다는 것은 정말 힘든 일입니다. 특별히 삶이 엉망진창으로 꼬인 사람은 더 그렇지요! 그러나 이럴 때에도 성령의 은사는 우리를 인도하시고, 도우실 수 있습니다. 어떤 때에는 목장모임 외에 시간을 내어 그들의 문제에 관여할 필요가 있습니다. 하나님의 사랑이 당신의 마음에 가득할 때 당신이 쓰임받을 것입니다.

5일 성령의 역사 3

성경읽기: 고린도전서 14:1, 3, 5, 12, 24-26

고린도전서 14장을 보면 사도바울은 신약시대의 교회들이 실제로 닥친 문제를 다루고 있습니다. 아마도 그들은 우리가 어제 배운 **아가페** 사랑 없이 가정교회에서 모였던 것 같습니다. 11장에서 그는 서로 돌아보지 않은 결과 병들고 죽는 사람도 있었다고 얘기합니다(고린도전서 11:20-30). 만약, 서로 세우는데(**오이코도메오**) 사용되지 않는 은사는 오용될 수도 있습니다.

오늘 공부가 끝난 후 시간이 있으면 고린도전서 14장을 전부 읽어 보십시오. 당시 **그리스도인들은 아가페 없이 은사를 사용하고 있었습니다.** 이것이 14장의 요점입니다.

다른 사람을 섬기는 것과 관계가 없는 은사가 과연 존재할까요? 병 고침의 은사? 곤란한 사람을 돕는 은사? 영 분별의 은사? 하나도 예외없이 모든 은사는 다른 사람들에 대한 아가페 사역과 관계가 있습니다. 따라서 은사를 받은 사람들이 잊지 말아야 하는 것은 그 은사는 다른 사람을 위해서 주어졌고, 따라서 다른 사람을 위해서 사역해야 한다는 것입니다. 고린도교회는 이 점을 이해하지 못했던 것입니다.

고린도전서 14:1, 5, 12, 24-26절에 따르면, 어떤 은사가 가장 유용하고 가치가 있습니까?(해당되는 것에 ✓하세요)

- ▧ 병 고침
- ▧ 예언
- ▧ 방언

예언이 정답입니다. 예언이 어떤 은사이고 어떻게 사용되나요? 먼저, 구약에서 '예언자'라는 말은 히브리어로 '대언자'라는 뜻입니다. 즉, 하나님이 하실 말씀이 있으실 때 예언자에게 그 말씀을 심어주시고 예언자를 통해서 현재의 일을 얘기하십니다. 하지만, 예언은 때로 먼 미래에 대한 예언일 때도 있습니다. 성경도 이러한 예언의 은사로 쓰여졌습니다(베드로후서 1:21). 하지만 예언은 이 두 가지 말고도 또 다른 중요한 목적으로 사용되고 있습니다. 고린도전서 14:3을 보십시오. **"그러나 예언하는 사람은 사람들에게 말하는 것입니다. 그는 덕을 끼치고, 위로하고, 격려하는 말을 합니다."** 따라서 '예언'은 덕을 끼치고, 위로하며, 격려하는 은사로 해석될 수 있습니다. 물론 26절에서 "하나님의 계시를 말하는 것"으로 표현된 것처럼, 문자 그대로 '예언'을 뜻할 수도 있습니다.

바울은 14장에서 예언을 이 두 가지 의미로 본 듯합니다. 어쨌든 한 가지 확실한 것은 아가페 사랑의 자유로운 흐름이 없이 성령의 은사를 사용하는 것은 은사의 남용 내지는 오용이라는 사실입니다.

고린도전서 14:26에서, 믿는 사람들이 모였을 때 어떤 사람들이 성령의 은사를 사용해야 하나요?(해당되는 것에 ✓하세요)

- ▧ 하나님과 잘 조율된 몇 사람만
- ▧ 기도 많이 하는 사람들
- ▧ 모두 - 참석한 사람 모두!
- ▧ 모르겠다.

믿는 사람들이 모인 모임에서 어떤 사람들이 성령의 은사를 사용해야 하는 것인지를 아는 것은 아주 중요합니다. 첫 번째로 알아야 할 것은 모임에 몇 명이 모이는가 하는 것입니다. 120명? 1,000명? 혹은 그 이상입니까? 바울은 지금 대규모 모임이나 주일예배를 얘기하고 있지 않습니다. 그는 지금 가정교회의 모임을 말하고 있습니다.

두번째로 알아야 하는 사실은, 26절에 쓰인 "각각"이라는 말(역자 주: 개역개정에는 '각각'이란 단어가 있고 새번역에는 없음)의 헬라어의 의미는 아주 구체적으로 참석한 모든 사람을 의미합니다. 이 말은 목장 모임에서는 누구도 예외 없이 다른 사람들을 세우기 위해 성령의 은사를 사용해야 한다는 것입니다. 우리를 **파이스**로 부르신 이유는 서로 **아가페** 사랑을 자유롭게 발휘하며 하나님 은혜의 통로가 되라는 것입니다.

동전의 양면(자녀/종)

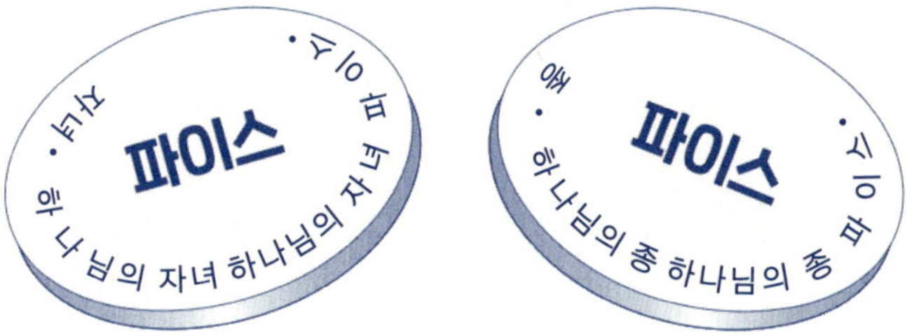

고린도전서 14:24-25에 의하면, 갓 믿기 시작한 사람이나 믿지 않는 사람이 목장모임에서 행해지는 성령의 역사를 볼 때 어떤 일이 일어납니까?

"그 ________ 에게 ________ 을 받고 심판을 받아서 그 마음속에 ________ 일이 드러나게 됩니다"

두 번 사용된 '모두'라는 말(역자주: 개역개정에서는 '모든')이 인상 깊지 않습니까? 즉 하나님께서는 모든 사람들이 예외 없이 다른 사람들에게 덕을 끼치라고 하십니다.

당신도 이 '모두'의 일부입니다. 당신이 만일 목사님이나 그런 일을 할 것이라고 생각하고 망설인다면 누군가가 하나님을 만날 기회를 놓칠지 모릅니다. 하나님은 당신을 통해 다른 사람에게 일하기 원하십니다. 당신의 능력 밖이라고 생각하십니까? 맞습니다. 따라서 당신의 재능이나 능력을 보지 마십시오. 위대한 설교자가 되거나 천사처럼 노래할 필요가 없습니다. 하나님께 듣고 하나님께서 주신 것을 다른 사람과 나누면 됩니다.

이제 '경청의 방'에 가서 모든 목장식구들을 위해 기도하십시오. 구체적인 성경구절을 주시도록 기도하고 그 구절을 다음 목장모임에서 나누십시오.

복습질문

❶-1 성령 충만을 받는 방법을 한 마디로 얘기한다면 무엇인가요?

❶-2 성령님께서 삶을 주관하게 해 드리는 세 가지 단계를 쓰십시오.

❷-1 치환의 법칙에 의하면 성령 충만을 받기 위해 해야 할 첫번째는 무엇입니까?

❷-2 성령 충만의 바른 동기는 무엇입니까?

❸-1 저자는 이 과에서 '은사'를 어떻게 정의하고 있습니까?

복습질문

❸-2 우리는 성령의 은사를 어떻게 받나요?

❹-1 은사란 무엇이 흘러가는 '영적인 통로'인가요?

❹-2 아가페 사랑이란 무엇인가요?

❺-1 '예언'은 문자 그대로 '예언'을 뜻하기도 하지만, 다른 의미로는 무엇을 뜻하나요?

❺-2 목장에서 누가 은사를 사용해야 합니까?

6주

"종의 삶"

만지시는 하나님

1일 '경청의 방'(Listening Room)

성경읽기: 갈라디아서 2:20; 로마서 7:22; 데살로니가전서 5:23

언젠가 한 일본 목사님 댁을 방문했을 때, 그는 아름다운 자기 집 정원 한쪽에 있는 작은 방 하나를 보여준 적이 있었습니다. 그는 그것을 하나님의 음성을 듣는 '경청의 방'이라고 불렀습니다.

우리도 신앙생활을 할 때에 이런 '경청의 방'이 반드시 필요합니다. 왜냐하면 파이스는 주인의 명령을 받은 후에 비로소 임무를 수행해야 하기에, 그분의 음성을 듣는 것이 필요하기 때문입니다. 우리 자신과 다른 사람들의 필요, 그리고 맡기신 임무에 대한 하나님의 지시를 듣는 것이 **파이스**인 우리에게 최고의 우선순위가 되어야 합니다. 그렇기 때문에 기도는 우리가 하나님께 하고 싶은 말만 일방적으로 하는 것이 아니라 듣는 것이 무엇보다 중요한 것임을 알아야 합니다.

이번 주에는 신앙 생활에 관련된 네 가지 질문에 대해 생각해 보겠습니다. 첫번째 질문은 "우리가 하나님과 대화할 때 하나님은 어디에 **계시는가?**"하는 문제입니다. 하나님이 먼 우주에 있는 하늘에 앉아서 우리 기도를 들으신다고 생각합니까? 그래서 혹시 당신은 기도할 때 언제나 천장이나 하늘을 보면서 기도하나요? 그렇다면 그것은 아마 하나님이 멀리 계시다고 느끼고 있기 때문일 것입니다.

갈라디아서 2:20를 보면 "그리스도께서 내 안에서 살고 계십니다"라고 합니다. 즉, 하나님은 '저기 밖에' 계신 것이 아니라 '여기 우리 안에' 계십니다. 그래서 우리와 하나님과의 관계는 매우 친밀한 관계입니다. **그분은 동기간보다 더 가까운 친구**가 되십니다(잠언 18:24).

그분은 우리가 어디를 가든지 함께 계시며 우리와 대화하십니다. 이 점을 항상 기억하시기 바랍니다. 모세의 시대에는 인간이 하나님과 직접 접촉할 수 없었고 그분의 임재를 연기구름이나 불로 알 수 있었습니다. 그러나 지금은 하나님이 우리 안에 계십니다. 하나님은 우리가 그분께 반응하고 일생동안 그분과 함께 살기를 바라십니다.

두번째 질문은 "나의 어떤 **부분**이 하나님과 대화하는가?"하는 것입니다. 사도바울이 로마서 7:22에서 "나는 **속사람**으로는 하나님의 법을 즐거워하나" 라고 한 것을 주목하십시오. 그림에서와 같이 당신의 속사람 안에 성령 하나님이 거하고 계십니다. 기도할 때 우리의 영은 우리 안에 계신 주님과 대화합니다. 그러므로 우리가 왕께 순복하고 하나님 나라에 산다고 선포할 때 그분과의 교제가 시작됩니다.

데살로니가전서 5:23을 보면 우리의 바울은 어떤 부분이 흠이 없게 되기를 원하나요?

________ 과 ________ 과 ________.

누구에게 빌고 있나요?

______ ______ 의 ______ ______ ______

하나님은 이것을 어디서 하십니까?(해당되는 것에 ✓하세요)

☐ 천국 보좌 위에서 ☐ 내 안에서

에베소서 3:20에 보면 우리 하나님은 **"우리 가운데서 일하시는 능력을 따라, 우리가 구하거나 생각하는 것 이상으로 더욱 넘치게 하실 수 있습니다."**

'경청의 방'은 하나님의 음성을 경청하려고 만든 특별한 방이라기보다는 하나님으로부터 듣겠다는 우리의 마음가짐입니다. 하나님은 분명히 말씀하십니다. 다만 우리가 하나님의 음성을 어떻게 들어야 하는지 모르는 것이 문제일 뿐입니다. 따라서 우리가 평강을 얻고, 우리의 앞길과 우리의 은사를 통한 섬김에 대한 인도를 받으려면 그분이 말씀하실때 들어야 합니다. 믿음 생활에서 '경청의 방'보다 더 중요한 장소는 없습니다.

A.W. Tozer박사는 『하나님을 추구하며』라는 저서에게 이렇게 썼습니다.

지고한 하나님의 사랑은 지적인 사랑이 아니라 영적인 사랑이다. 하나님은 영이시기에 오직 인간의 영만이 그분을 진실로 알 수 있다. 인간의 영 깊은 곳에서 불꽃이 일어야 한다. 그렇지 않다면 그 사랑은 하나님의 진정한 사랑이 아니다. ... 찢어지는 마음을 가진 사람들은 보통 사람들이 알거나 이해하지 못하는 품성이 있었다(40-43쪽).

앞으로 계속 우리는 위의 그림을 참고할 것입니다. 혹시 그림 속에 있는 '견고한 진'이라는 것이 무엇인지 궁금하신가요? 견고한 진은 우리가 하나님 나라로 들어오면서도 버리지 않고 가지고 온 옛 짐입니다. 그것은 하나님 나라의 삶에 속하지 않은 것이기에 하나님이 우리 안에서 일하시며 제거하실 것입니다. 하나님께 순복하고 그분의 음성을 들으면, 그것들을 어떻게 해야 하는지 말씀하실 것입니다.

사무엘상 3:8을 보면, 사무엘은 자기를 부르는 목소리를 들었지만 누가 부르는지 몰랐습니다. 몇 번 듣고서야 부르시는 분이 하나님이신 것을 알았습니다. 이와 같이 우리가 듣지 못한다고 해서 그분이 말씀하는 것을 중단하실 것이라고 걱정할 필요는 없습니다. 우리가 그분의 메시지를 놓치더라도, 그분은 우리가 알아 들을 때까지 계속 말씀하실 것입니다.

자, 책을 덮고 그분의 목소리를 들으십시오. 잠시 침묵하십시오. 그리고 이렇게 구하십시오. "주님, 말씀해 주십시오. 제가 듣고 있습니다!" 그러면 당신 영의 깊은 곳에서 그분이 말씀하실 것입니다. 그렇게 하실 때 하나님께 경배하십시오. 당신 영의 가장 깊은 곳에서 하나님이 견고한 진을 없애시든지 혹은 인도의 말씀을 주실 것입니다. **들으십시오!**

2일 하나님의 음성을 듣는 법 1

성경읽기: 누가복음 5:16; 6:12; 21:37; 22:39-46

위 네 구절은 우리 주님이 가지고 계셨던 한가지 중요한 습관을 보여주고 있습니다. 누가복음 6:12에서 예수님은 사역을 시작하시면서 중요한 결정을 하셔야 했습니다. 하나님의 아들은 그분이 친히 목자가 되시는 '목장'을 시작하려고 하신 것입니다(기억해야 하는 것은 우리 주님도 역시 그분의 사역을 다른 사람과의 친밀한 관계를 통해서 하셨다는 사실이고, 그 12명은 모두 단점 투성인 사람들이었다는 사실입니다). 그분이 사람들을 선택하기 전, '경청의 방'에서 밤이 맞도록 기도하셨고 아버지와 성령님으로부터 음성을 들으신 후에야 결정을 내리셨습니다.

누가복음 21:37에서 예수님은 사역의 막바지에 계셨습니다. 그분은 낮시간에는 가르치느라 바쁘셨지만, 밤에는 어김없이 감람산에 있는 '경청의 방'으로 가셨습니다. 이것이 그분의 습관이었습니다.

누가복음 22:39-46에서 우리는 다시 한번 예수님이 밤에 기도하시는 것을 봅니다. 그때 십자가의 고난은 이미 시작되었습니다. 그분의 육신은 갈보리 십자가에서 못박히셨지만, 사실 예수님은 **"아버지, 만일 아버지의 뜻이면 내게서 이**

잔을 거두어 주십시오. 그러나 내 뜻대로 되게 하지 마시고, 아버지의 뜻대로 되게 하여 주십시오."하고 기도하던 그 때 이미 그 '경청의 방'에서 못박히셨던 것입니다. 이 기도가 얼마나 힘드셨으면 땀이 핏방울같이 되어 땅에 떨어졌습니다.

또한 우리는 예수님이 세(침)례를 받으신 후 40일 동안 광야에서 40일 밤낮을 보내신 것처럼, 아버지와 함께 하기 위해 한적한 곳으로 나가신 예도 여러 번 볼 수 있습니다. 마태복음 14:23에서 예수님은 따로 기도하시려고 산으로 가셨습니다. 또 가버나움 북쪽의 산 정상에서도 기도하시면서 변화하셨습니다(누가복음 9:28-35).

이런 식으로 예수님께서도 '경청의 방'을 가지고 계셨다면 우리는 말할 필요도 없습니다. 우리는 믿음 생활의 크고 작은 모든 일에 대해 주인의 말씀을 듣는 시간이 필요합니다.

요즘, 하루에 얼마나 '경청의 방'에서 보냅니까?(이 교재를 공부하는 시간을 포함해도 되지만, 그것으로 그분의 음성 듣는 것을 대신하지 마십시오. 해당되는 것에 ✓하세요)

- ▨ 전혀 없다.
- ▨ 가끔 불규칙적으로
- ▨ 하루 한 시간 미만
- ▨ 하루 한 시간 이상

우리는 우리 스스로가 가장 큰 가치를 두는 것에 따라 산다는 사실을 아시나요? 저는 골프를 치려고 수 차례 시도 했지만 그만 두었습니다. 이유는 간단합니다. 제게는 몇 시간동안 하얀 공을 때리는 시간이 아깝기 때문입니다. 제 아내 룻은 야구경기를 관람하는 것을 즐기지만 저는 그 시간에 독서를 하는 것이 더 좋습니다. 조용한 방에서 컴퓨터 앞에 앉아 책을 쓸 때 저는 행복합니다. 이렇게 우리는 우리의 가치체계에 따라 행동합니다. 우리가 '경청의 방'에서 보내는 시간에 가치를 두지 않는다면, 우리는 그것이 필요하지 않은 이유를 끝없이 댈 것입니다. 이렇게 되면 우리는 절대로 하나님의 인도함을 받는 삶을 살 수 없습니다. 왕중의 왕이신 분의 인도함 없이 부족한 내 자신의 감각만 따라서 일생을 헤메고 다니는 어리석은 사람이 되지 마십시오.

이 점에 대한 당신의 생각을 아래에 써보십시오. 원하면 멘토에게 보여주거나 다음 목장모임에서 나누십시오.

하나님이 성령님을 통해 우리에게 말씀하실 때 어떤 방법을 사용하실까요? 성령님은 아이디어를 주시거나 상황을 이해하게 하심으로 **나의 생각**(mind)에 말씀하십니다. 때로 성령님은 그분이 최선이라고 여기시는 것을 하라고 **나의 의지**(will)에 말씀하십니다. 우리가 괴로울 때 평화를 주심으로 **나의 영**(spirit)에 말씀하시기도 합니다. 혹은 내가 평안할 때 부담을 주심으로, 과거에 그분의 도움을 받았던 것을 생각나게 하심으로 **나의 기억**(memory)에 말씀하십니다. 혹은 내가 하나님의 율법을 어겼고 불결하다는 것을 깨닫게 하심으로 **나의 가슴**(heart)에 말씀하십니다.

이것 한 가지는 분명합니다. 우리가 하나님과 함께 하는 시간을 갖는다면 우리는 분명히 그분의 음성을 들을 것이라는 사실입니다. 솔로몬은 이렇게 썼습니다. **"내 말을 네 마음에 간직하고, 내 명령을 지켜라. 네가 잘 살 것이다"**(잠언

4:4). 하나님의 말씀을 듣기 위한 혼자 있는 시간을 갖기 위해서는 당신의 가치체계를 재분류할 필요가 있습니다. 경제학의 기본 법칙 중에 이런 말이 있습니다. "어떤 것을 사려고 돈을 쓰면, 다른 것을 살 돈이 없다!" 하지만 돈보다 시간이 훨씬 더 중요한 문제가 아니겠습니까! 이 점을 깊이 생각해 보십시오.

각 활동마다 얼마큼 시간을 씁니까? '경청의 방'의 시간을 위해 무엇을 바꾸겠습니까?

활동	매주·매일 쓰는 시간	활동	매주·매일 쓰는 시간
경청의 방		여가활동	
일/학교		TV시청 인터넷/게임	
쇼핑		목장활동	
빈둥거리며 시간 보내기		친구와 대화	
가족과 함께 하기		독서와 공부	

3일 하나님의 음성을 듣는 법 2

성경읽기: 베드로전서 1:10-12, 16-20; 마태복음 22:29

오늘은 성경을 읽는 것이 '경청의 방'에서 시간을 보내는 것과 어떤 관계가 있는지 생각해 보겠습니다. 먼저 성경을 쓰게 하신 분에 대하여 알아봅시다. 베드로전서 1:10-11에 이렇게 써있습니다. **"예언자들은 … 자세히 살피고 연구하였습니다 … 누구에게 또는 어느 때에 이런 일이 일어날 것인지를 그들이 연구할 때에, 그들 안에 계신 그리스도의 영이 … 드러내 주셨습니다."**

성경의 위의 구절에 밑줄을 그으십시오! 지금 당신 안에 거하시는 예수 그리스도의 영이신 성령님께서 또한 성경의 저자들 안에 거하셔서 성경을 기록하게 하셨습니다. 성경은 **"예언자들은 자기들이 섬긴 그 일들이, 자기들을 위한 것이 아니라 여러분을 … "**(베드로전서 1:12)위한 것이라고 합니다. 이런 이유로 성경은 당신의 삶에 아주 중요하며, 따라서 당신은 '경청의 방'에서 시간을 보낼 때 성경을 반드시 옆에 두고 있어야 합니다.

성령 하나님이 성경의 저자이시기 때문에, 그분께서 당신에게 직접 하시는 말씀은 결코 성경과 대치되지 않습니다. 또 성령님이 당신에게 하시는 말씀은 성경말씀과 지속적으로 관련이 있습니다. 이렇듯 성경은 항상 당신이 듣는 하나님의 음성을 확증합니다. 성령님은 절대로 성경에 반하는 말씀을 하지 않으실 것입니다. 다음 성경 구절을 읽고 성경에 밑줄을 그으십시오:

로마서 15:4: **"무엇이든지 전에 기록한 것은, 우리에게 교훈을 주려고 한 것이며, 성경이 주는 인내와 위로로써, 우리로 하여금 소망을 가지게 하려고 한 것입니다."**

디모데후서 3:15: **"그대는 어려서부터 성경을 알고 있습니다. 성경은 그리스도 예수를 믿는 믿음으로 말미암아 그대에게 구원에 이르는 지혜를 줄 수 있습니다."**

누가복음 24:27: **"그리고 예수께서는 모세와 모든 예언자에서부터 시작하여 성경 전체에서 자기에 관하여 써 놓은 일을 그들에게 설명하여 주셨다."**

누가복음 24:32: **"그들은 서로 말하였다. "길에서 그분이 우리에게 말씀하시고, 성경을 풀이하여 주실 때에, 우리의 마음이 [우리 속에서] 뜨거워지지 않았습니까?"**

요한복음 10:35: **"성경은 폐하지 못한다."**

'경청의 방'에는 항상 성경이 있어야 합니다. 그리하여 성경의 가르침에 맞지 않는 생각은 즉시 거부해야 합니다.

그림에서 보는 것처럼 우리가 성경을 읽고 이해하다 보면 성경의 영감을 받은 진리가 우리의 마음에 떠오를 때가 있습니다. 이러한 현상을 우리는 **성령님의 조명**(照明, Illumination)이라고 부릅니다. 우리가 마음과 생각을 다

하여 주님을 찾을 때, 성령님은 그분의 생각과 진리를 우리 마음에 직접 비추어 주시며 우리 마음에 말씀하십니다. 그럴 때 우리는 하나님의 임재를 강하게 체험하기도 합니다. 이러한 체험을 하게 되면, 우리는 진정한 예배와 찬양을 드리게 되고, 죄를 자백하기도 하며, 그분을 위한 특별한 소명으로의 부르심을 느끼기도 합니다. 또 때로는 고통스럽던 제 마음의 상처에 대한 해답을 받기도 합니다. 어떨 때는 그리스도가 필요한 사람에게 말할 수 있는 순간으로 인도하실 수도 있을 것입니다. 또는 목장식구나 가족에게 꼭 필요한 특별한 말씀을 심어 주시기도 합니다.

예수님께서 하나님과 가지신 교제의 시간은 형식적인 것이 아니었습니다. 예수님은 늘 하나님과의 교제의 시간을 갈망하셨습니다. 당신도 마찬가지입니다! 하나님의 나라에서, 주님과의 교제와 그분 몸의 다른 지체들과의 교제는 하나님을 모르는 사람들은 절대로 이해할 수 없는 우리만의 특권입니다!

마태복음 22:29에서 예수님은 죽은 자의 부활을 믿지 않은 사두개파 사람들에게 두가지를 잘못 생각하고 있다고 하셨습니다. 그 두 가지는 무엇입니까?

그들은 ________ ________을 몰랐다.

그들은 ________ ________ ________의

________ ________을 몰랐다.

아래에서 동의하는 문장은 무엇입니까?(해당되는 것에 ✓하세요)

- ▧ 성경을 아는 것만으로 충분하다.
- ▧ 하나님의 능력을 아는 것만으로 충분하다.
- ▧ '경청의 방'에는 둘 다 있어야 한다.
- ▧ 성경과 하나님의 능력이 '경청의 방'에 있을 때 조명이 일어난다.

지금 당장 '성령님의 조명'을 경험해 봅시다. 고린도후서 3:17-18을 펴십시오. 성령님이 오셔서 이 구절이 무슨 뜻이며, 또 당신에게 어떤 의미가 있는지 가르쳐 주시기를 구하십시오. 구절을 깊이 묵상할 때 떠오르는 생각을 적으십시오. 당신에게 주신 메시지를 가지고 기도하면서, 말씀의 의미와 말씀의 능력을 발견하십시오.

저자의 개인적인 권고

하나님의 음성을 들으려고 할 때 성경 말씀이 중요하다는 것을 보았습니다. 그런 이유로 성경 전체를 읽고 공부하기를 강력히 추천합니다. 성경 전체에 대한 이해가 있을 때, 하나님께서 성경을 통해 여러분에게 말씀하실 수 있기 때문입니다. 따라서 '말씀의 삶' 성경공부를 통해 성경일독을 하고 성경 전체에 대한 이해를 가지기를 추천합니다. 그 후에도 꾸준히 성경을 읽을 것을 권합니다.

성경 공부하는 것을 '경청의 방' 시간으로 쓰지 마십시오. 성경공부가 하나님과의 대화를 대체하지 않습니다. 예수님께서 바리새파 사람들에게 이렇게 말씀하시며 이 점을 지적하셨습니다. **"너희가 성경을 연구하는 것은, 영원한 생명이 그 안에 있다고 생각하기 때문이다. 성경은 나에 대하여 증언하고 있다. 그런데 너희는 생명을 얻으러 나에게 오려고 하지 않는다"**(요한복음 5:39-40).

성경 전체에 대한 이해가 앞으로 신앙생활을 하는데 큰 도움이 되는 훈련과정이라고 생각하십시오.

4일 하나님의 음성을 듣는 법 3

성경읽기: 로마서 8:5-7; 8:27; 12:2

위의 구절을 깊이 생각하면서 순서대로 읽으십시오. 모든 구절들은 성령님이 우리의 선생이시며 우리를 진리로 인도하신다고 가르칩니다. 성령님이 성경을 통해 말씀하시든지, 아니면 직접 말씀하시든지 그분의 가르침은 성경의 가르침과 결코 모순되지 않는다는 것을 이미 배웠습니다.

성경 묵상은 성령님의 조명을 통해 느껴지는 것과 지성의 판단이 조화를 이루는 것입니다. 믿음생활을 할 때 우리는 우리의 지성을 버리고 사는 것이 아닙니다. 우리는 지성과 영(속 사람) 모두를 사용해서 하나님께 나아가는 것이며 어느 한 쪽으로 치우쳐서는 안 됩니다. 당신이 하나님께 가까워질수록 지성은 올바르게 사용될 것이며 바른 초점을 찾게 될 것입니다.

지성은 성령님의 조명을 받아들이며 점검하는 부분이지만 계시가 주어지는 기관은 아닙니다. 계시는 당신의 영적 영역에 주어집니다. 그런 의미에서 당신의 지성과 영은 함께 일하는 것입니다. 성령님의 조명은 비이성적인 현상이 아닙니다. 그것은 이성을 넘어서는 것이며 당신은 그런 영적인 실체를 깨달아야 합니다.

하나님께서 당신을 다스리도록 완전히 내어드리기 전까지 어두움의 권세는 자유로이 당신의 지성(로마서 8:7)과 영을 지배해 왔습니다. 그것은 이제 더 이상 사실이 아닙니다. 이제 당신의 지성과 영은 성령님과 교통하게 되며, 그 분은 당신을 진리로 인도해 주실 것입니다.

현재 당신의 상태를 평가하십시오(해당되는 것에 ☑하세요).

맞음	틀림	
☐	☐	대개의 경우 내가 실제로 느끼는 것은 영적인 것이 아니라 육신적인 경험이다.
☐	☐	나는 대부분의 시간을 영적인 것보다는 지적인 부분을 개발하기 위해서 보낸다.
☐	☐	상황 판단을 위해서 나는 주로 나는 내 영이 아니라 지성의 판단에 의지한다.
☐	☐	나는 성령님이 내 마음에 주시는 생각보다는 계산하고 분석적인 생각을 따른다.
☐	☐	나는 주님과 교제하고 예배하고 교제하는데 시간을 보내기 보다는 성경을 학문적으로 공부하는 데 더 집중한다.
☐	☐	나는 지식적으로 분석해서 결정을 내린다. 나는 주님께서 그분의 생각과 부담과 비전을 자연스럽게 주실 때까지 주님을 조용히 기다리는 법을 모른다.
☐	☐	나는 다른 사람들과 무엇을 나누거나, 무엇을 하라고 인도하시는 하나님의 음성을 들은 경험이 거의 없다.

하나님의 음성은 어떻게 구별되는가?

1. 당신의 생각이 단지 머리로만이 아니라 '속 사람'에서 오는 것을 느낍니다. 이것은 새로운 것이 아닙니다. 예를 들어서 당신이 누군가에게 "사랑해"하고 고백할 때 그것은 분명 머리에서 나오는 것은 아닙니다. 그렇지 않습니까?
2. 성령님께서 주신 생각은 종종 당신 자신의 아이디어에 기인하지 않습니다.
3. 그 생각은 부어지는 것이지 당신이 애쓴 결과로 오는 것이 아닙니다.
4. 이러한 생각에는 당신을 향한 특별한 메시지가 있습니다.
5. 당신은 그 말씀이 내 생각이 아니라는 것을 느낌으로 압니다.
6. 그러한 음성에는 하나님의 권위와 임재가 느껴집니다. 그것은 하나님께로부터 왔기 때문입니다.

하나님의 음성으로 선과 악을 분별할 수 있습니다

히브리서 5:14에 보면 성령님의 음성을 계속 들음으로 당신은 "선과 악을 분별하도록" 훈련될 것이라고 합니다. 다시 말하지만 하나님은 계속해서 말씀하고 계십니다. 따라서 당신이 그 분의 음성과 당신의 생각을 분별할 수 있기 전까지는 그 분의 말씀은 그저 낭비될 뿐입니다.

요한일서 4:1은 얘기합니다. **"어느 영이든지 다 믿지 말고, 그 영들이 하나님에게서 났는가를 시험하여 보십시오. 거짓 예언자가 세상에 많이 나타났기 때문입니다."** 따라서 당신의 생각이 어디서 왔는지 시험해 보시고, 분명치 않을 때는 이렇게 질문하십시오. "이 생각이 예수님을 영화롭게 하는가? 이 생각이 성경말씀에 부합하는가?"

하나님의 음성을 통해 사역으로 인도받고 사역중에 인도하심을 받습니다

이사야 6:8에서 이사야 선지자는 이렇게 썼습니다. **"그 때에 나는 주님께서 말씀하시는 음성을 들었다. '내가 누구를 보낼까? 누가 우리를 대신하여 갈 것인가?' 내가 아뢰었다. 제가 여기에 있습니다. 저를 보내어 주십시오."** 하나님은 우리를 사역으로 인도하신다는 것을 확신할 수 있습니다.

이사야는 또 30:21에서 이렇게 썼습니다. **"네가 오른쪽이나 왼쪽으로 치우치려 하면, 너의 뒤에서 '이것이 바른길이니, 이 길로 가거라' 하는 소리가 너의 귀에 들릴 것이다."** 하나님은 우리를 사역 중에 인도하십니다.

'경청의 방' 일지를 쓰십시오

오랜 세월에 걸쳐 많은 사람들이 '경청의 방'에서 보냈던 시간들을 기록해 왔습니다. 그 일기들은 그들에게 소중한 것이기에 그들은 그것을 보존했습니다. 그 중에 어떤 것은 아주 심오한 깨달음이어서 몇 세대에 걸쳐 출판되어 왔습니다.

당신도 당신 자신의 '경청의 방' 일지를 써 나가기를 추천합니다. 당신 마음에 성령님께서 부어주시는 생각들을 기록하십시오. 하나님의 음성을 듣는다는 것이 처음에는 생소하고 낯설게 느껴질 것입니다. "이 생각이 하나님에게서 온 것인가 아니면 단순한 나의 생각인가?" 하는 의문이 생길 것입니다. 하지만, 그것에 너무 정신이 팔리면 하나님과의 교제가 방해를 받을 수도 있습니다. 그러나 생각을 적어 놓으면 나중에 당신이 적은 것이 하나님에게서 왔는지 기도로 분별할 수 있을 것입니다.

노트에 적어도 좋고 컴퓨터에 기록해도 좋습니다. 수백 년 전에 존 웨슬리는 자신이 만든 비밀코드를 사용하여 '경청의 방' 일지를 썼는데, 그 코드를 해석하는 데 많은 세월이 걸렸습니다. 그와 같이 당신이 당신의 모든 것을 주님께 내어 드린 상태에서 그분이 말씀하신 것은 상당히 개인적일 수 있습니다. 그러므로 자유롭게 나눌 수 있는 내용은 아닐 수도 있습니다. 날짜 적어 두는 것을 잊지 마십시오.

운동선수들은 지속적인 연습과 훈련을 통해 어떤 동작을 익히기 때문에 연습을 많이 한 동작은 실제 경기중에 의식하지 못하는 상태에서 자동적으로 나오기도 합니다. 워낙 반복적인 연습을 했기 때문입니다. 하나님의 나라에서도 이와 크게 다르지 않습니다. 하나님의 임재를 연습하게 되면 당신이 알고 있었던 것보다 더 깊은 교제를 할 수 있을 것입니다.

지체하지 말고 오늘 일기를 쓰기 시작하십시오. 세월이 지난 후에 그 결과에 대한 즐거움을 맛보게 될 것입니다.

5일 하나님의 음성을 듣는 법 4

성경읽기: 누가복음 10:38-42; 로마서 12:11

마르다는 특별한 손님을 위해 음식을 준비하기 원했습니다. 동생 마리아는 더 큰 바람이 있었는데, 그것은 바로 예수님 곁에서 말씀을 듣기 원한 것입니다. 이제 당신 자신에게 질문해 보십시오. 예수께서 당신 집에 오신다면 마르다와 마리아 중에 누구처럼 행동하겠습니까?(해당되는 것에 ✓ 하세요)

☐ 마르다 ☐ 마리아

우리는 가치체계에 따라 같은 상황에서 매우 다르게 반응합니다. 마르다는 예수님을 섬기는 것이 가장 중요하다고 생각했습니다. 그에 비해 마리아는 예수님 곁에 앉아 있는 것이 가장 중요하다고 생각했습니다.

저도 주님을 섬기는 것이 내가 할 수 있는 가장 중요한 일이라고 느꼈던 때가 있었습니다. 하지만 갈수록 나의 사역에서 그분의 능력이 사라져감을 느끼기 시작했습니다. 정신을 차리고 보니, 제가 마르다처럼 되어 있었습니다. 그런 사람에게 나타나는 하나의 증상은 '주님을 위해 나만큼 일하지 않는' 사람들을 마르다처럼 비난하는 것입니다. 이런 태도 때문에 저는 **아가페** 사랑의 깊은 흐름을 상실하고 주변 사람들에게 상처를 주고 있었습니다. 그런 시기가 끝날 무렵에 저의 '경청의 방'은 온통 고백의 장소가 되어야 했습니다(요한일서1:9). 우리가 기억해야 할 것은, 하나님은 우리가 무엇을 했기 때문에 우리를 존귀하게 여기시는 것이 아니라 우리의 신분 때문에 존귀하게 여기신다는 것입니다. 우리가 그분과 함께 조용히 앉아있는 것을 막는 무언가를 할 때마다 우리는 마르다가 되는 것입니다.

두 가지 모두 하는 것이 가능합니다

누가복음 10:41-42에서 마르다가 마리아에 대해 불평할 때 예수님은 뭐라고 하셨습니까?(당신의 말로 답을 쓰십시오)

예수님이 "마리아는 좋은 몫을 택하였다"고 하신 것은 무슨 의미입니까?
(해당되는 것에 ✓하세요)

- ☐ 실제적인 일로 주님과 함께 보내는 시간을 대체하는 것은 권고되지 않는다.
- ☐ 손님을 위해 음식을 준비하는 것은 중요하지 않다.
- ☐ 둘다 맞다. ☐ 둘 다 틀리다.

로마서 12:11에서 바울은 이렇게 썼습니다. **"열심을 내어서 부지런히 일하며, 성령으로 뜨거워진 마음을 가지고 주님을 섬기십시오."** 이 말은 다시 말하면, "당신이 하고 있는 것을 늦추지 마십시오. 그러나, '경청의 방' 시간을 게을리 하지 마십시오." 라는 의미입니다. 주님의 능력 없이 주님의 일을 하는 것은 불가능합니다. 그분의 능력의 통로가 되기 위해 우리는 계속 그분과 접촉하고 있어야 합니다.

이루어질 때까지 하는 기도

한번은 조용기 목사의 개인비서였던 리디아 스웨인이 '이루어 질 때까지 하는 기도'의 중요성에 대해서 얘기한 적이 있습니다. 언젠가 하나님께서 미국에 있는 딸에 대해 큰 부담을 주신 적이 있어서 몇 일 동안 금식하고 기도하며 견뎌야 했습니다. 그녀는 다만 딸이 큰 위험에 처했거나 곧 처할 것이라는 것만 어렴풋이 느낄 수 있었다고 했습니다. 그녀가 '경청의 방'에서 오랜 시간을 보낸 뒤에 주님께서 말씀하셨습니다. "이제 됐다, 리디아야. 이제 내가 네 딸을 돌볼 것을 확신하고 쉬어라."

얼마 지나지 않아서, 딸에게 전화를 받았고, 다음과 같은 일이 있었다는 것을 알았습니다. 9천미터 상공에서 날고 있던 비행기에서 있었던 일입니다. 그녀가 좌석벨트를 풀고 일어서려는데, **"벨트를 풀지 말아라."**하는 단호한 음성이 들렸습니다. 어리둥절해진 그녀는 앉아서 금방 들린 그 음성을 생각하고 있는데, 갑자기 한 남자가 일어나서 비행기의 문을 향해 돌진해서 문을 열고 뛰어내렸습니다. **묶이지 않은 모든 것은 바깥으로 빨려나갔습니다.**

스웨인 여사는 그냥 기도할 것이 아니라, **부담이 제거될 때까지 기도하는 것**을 오랫동안 배웠다고 제게 말했습니다. 주님을 섬기듯이 영적인 열심을 간직하십시오.

다른 사람을 세우기 위한 경청

오이코도메오, 즉 다른 사람들을 '세우는 일'에 대한 책임을 심각하게 받아들이십시오. 하나님의 나라에서 살다 보면 목장식구들이 처해있는 어려움과 문제를 알게 될 것입니다. 그것을 '경청의 방'으로 가져가십시오. 그 문제의 원인이 무엇인지, 해결 방안은 무엇인지에 대한 하나님의 말씀을 들으십시오. 그리고 그것을 어떻게 다른 사람과 나눌지에 대해서도 말씀하시는 것을 들으십시오.

저 역시도 종종 다른 목장식구가 가진 문제에 대해 주님이 주신 명확한 말씀이 없이 목장모임을 떠나곤 했습니다. 하지만, 그 후 '경청의 방'에서 기도하다 보면 그분에 대한 하나님이 주시는 음성을 듣고, 다음 목장모임에서 또는 개인적으로 따로 만나 나누게 되기도 합니다. 여러분도 다른 사람들의 삶의 필요에 대해 '이루어질 때까지의 기도' 혹은 '세우는 기도'를 통해서 이같은 경험을 할 수 있습니다.

하나님께서 다른 사람들에 대한 메시지를 주신다고 느낀다면 '경청의 방' 일지에 기록하고 묵상하십시오. 어떻게 나눌지에 대해서도 말씀하실 것입니다. 때로는 당신이나 다른 사람들의 병에 대한 말씀을 주실 수도 있을 것입니다. 그럴 때 단지 어떤 초자연적인 일을 보고자 기도해서는 안됩니다. 예수님은 고통 받고 있는 사람들을 긍휼히 여기셨기 때문에 고쳐주셨습니다. 그분은 우리가 원하는대로 기도를 응답하실 의무가 없으시지만, 우리의 애통한 기도를 들으시고 응답해 주십니다.

예전에 제가 속한 목장에 낸시라는 분이 있었는데, 그는 며느리가 기형아를 낳을 것이라는 말을 들었습니다. 임신 말기까지 몇 번의 검사를 했지만 결과는 같았습니다. 낸시는 그녀의 '경청의 방'에 가서 아기의 문제를 위해 필사적으로 기도했습니다. 하나님께서 그녀의 탄식을 들으셨고 태아를 고쳐 주셨습니다. **아기는 완전히 정상으로 태어났습니다.** 낸시가 '이루어질 때까지 기도'했을 때, 하나님께서는 태아를 만져주신 것입니다. 이처럼 하나님은 당신을 사용하셔서 그분의 완전한 뜻을 다른 사람들에게 이루실 수 있습니다. 믿음으로 그분을 의지하십시오! 

복습질문

❶ - 1 파이스의 최고 우선순위는 무엇입니까?

❶ - 2 우리가 하나님과 대화할 때 하나님은 어디에 계시고, 이 때 나의 어떤 부분이 하나님과 교통하나요?

❷ - 1 누가복음에 예수님의 경청의 방의 예가 세 번 나옵니다. 무슨 기도를 하셨는지 쓰십시오.

❷ - 2 성령님이 우리의 여러 부분에 말씀하시는 방법을 써 보십시오.

❸ - 1 '경청의 방'에 성경이 있어야 하는 이유는 무엇인가요?

복습질문

❸ - 2 조명이 일어날 때 구체적으로 어떤 일이 일어나는지 쓰십시오.

❹ - 1 하나님의 음성을 듣고 선과 악을 분별하려면 어떻게 해야 하나요?

❹ - 2 하나님의 음성과 사역과의 관계는 무엇인가요?

❺ - 1 주님을 섬기는 것이 가장 중요한 일이라고 느낄 때 생기는 현상은 무엇인가요?

❺ - 2 섬김과 교제를 모두 할 수 있는 방법은 무엇인가요?

7주

개인의 삶

'견고한 진'을 처리하기

1일 문제 파악하기

성경읽기: 에베소서 4:17-24; 빌립보서 2:12; 고린도전서 10:13

33쪽(1장 4과)에서 우리는 '견고한 진'에 대해서 간단히 배웠습니다. 기억이 나시면 아래 리스트에서 답을 골라 보십시오. 만약 모르겠다면 다시 돌아가셔서 읽어 보셔도 좋습니다(해당되는 것에 ✓하세요).

- ☐ 견고한 진이란 그리스도인의 삶가운데 사탄이 여전히 영향력을 행사하는 내적인 상태를 말한다.
- ☐ 견고한 진이란 악한 권력이 지배하고 있는 요새를 말한다.
- ☐ 모두 맞음

답을 알겠습니까? 위에서 '그리스도인의 삶 가운데' 라고 표현한 것을 기억하십시오. 견고한 진은 크리스천에게만 있지 비신자들에게는 없습니다. 왜냐하면 그들은 사탄에게 완전히 지배 받고 있기 때문입니다. 하지만 견고한 진은 신자의 몸과 혼(생각, 의지, 감정)에 존재할 수 있습니다. 영은 이미 구원을 받았기 때문에 견고한 진이 없다는 것도 발견하셨습니까?

우리는 새로운 삶을 살면서도 여전히 과거에 끌려 다니고 있습니다. 믿음생활에서 승리하려면 그런 견고한 진들을 격파해야 합니다. 믿음생활에서 승리하는데 필요한 모든 것들은 이미 우리에게 은혜로 주어져 있습니다.

바울은 **"두렵고 떨리는 마음으로 자기의 구원을 이루어 나가십시오"**(빌립보서 2:12)라고 말합니다. 여기서 구원은 그리스도를 영접할 때 받은 과거구원이 아니라 우리에게 패배감을 주는 상황으로부터 매일 받는 구원을 말합니다. 우리가 자신의 모든 문제점을 부활하신 주님 앞에 내려 놓을 때, 그분은 우리의 삶에서 새롭고 힘있게 역사하실 것입니다.

만약 여러분이 '경청의 방' 시간을 가지고 있다면 여러분은 견고한 진을 무너뜨릴 수 있는 준비가 된 것입니다. 그분은 여러분 안에서 새롭고 힘있게 역사하실 것입니다. 그 결과, 여러분은 하나님 나라에서 '젊은이'가 될 것입니다. 앞에서 젊은이는 이미 '악한 자'를 이긴 사람이라는 것을 보았습니다. 따라서 이 삶 공부를 통해 견고한 진을 허물고 승리하는 것이 중요합니다. 왜냐하면 우리 내부에 있는 견고한 진과 싸워 승리한 후에야 비로소 우리 외부에 있는 적과 싸울 만반의 준비를 갖추게 되기 때문입니다.

이런 이유로, 우리는 여러분 과거의 책상 서랍을 뒤져서 그리스도의 치유를 방해하는 견고한 진을 찾아낼 것입니다. 과거의 고통과 죄의 분야를 모두 점검하는 것이 중요합니다. 견고한 진으로부터 놓이기 위해서는 현재 여러분 삶에 나타나는 문제들(죄, 상처, 욕설 등)의 근본 원인이 처리되어야 합니다.

그림을 보십시오. 이 그림은 불신자로서 살았던 삶의 뿌리가 어떠한지를 보여주고 있습니다. 과거의 경험들이 현재 내가 가지고 있는 문제의 원인입니다. 우리는 모두 우리의 모든 과거의 산물이며, 쓰레기가 가득 찬 가방처럼 과거의 상처와 기억을 가지고 다닙니다.

에베소서 4:22에 따르면, 우리는 무엇을 벗어 버려야 합니다까?

__________ __________한 욕정을 따라 살다가 __________ __________

없어질 그 __________ __________ __________.

바울은 자주 우리의 '옛 사람'을 언급합니다. 우리는 천국에 갈 때까지 옛 사람의 존재로부터 완전히 벗어날 수는 없지만 적어도 견고한 진으로부터 해방될 수는 있습니다. 우리가 견고한 진을 처리하면, 옛 속박에서 놓이게 됩니다.

예수 그리스도의 보혈이 우리를 깨끗하게 하는 데는 세 가지 단계가 있습니다. 첫 번째 단계는 우리가 하나님께 용서를 받는 것입니다(요한일서 1:9). 우리가 용서함을 받는다 해도 용서받은 것을 느끼지 못할 수 있습니다. 두 번째 단계는 우리가 거리낌없는 깨끗한 양심을 갖는 것입니다(사도행전 24:16; 고린도전서 4:4). 그리고 난 후 죄의 영향 때문에 남아있는 상처가 씻기고 치유되는 경험이 세 번째 단계입니다.

아래의 질문 중 당신의 삶에서 '견고한 진'이라고 생각되는 것에 밑줄을 그으십시오.

- 다른 사람을 사랑하거나 또는 사랑받는 것이 어렵습니까?
- 좋은 가문 혹은 부유한 집안의 출신이라는 것에 자부심을 느낍니까?
- 반항적이거나 마음에 분노가 있습니까? 고집이 셉니까?
- 어떤 사람을 용서할 수 없습니까? 그를 향한 적개심, 분노, 미움의 감정이 있습니까? 그가 누구입니까?
- 자주 불안하거나 우울합니까?
- 자살을 고려하거나 시도한 적이 있습니까?
- 두려움이나 공포가 있습니까?

- 점을 보러 다니거나, 굿을 하거나, 또는 비슷한 이교행위를 한 적이 있습니까?
- 부적을 가지고 다닙니까? 집에 우상을 모시고 있습니까?
- 헤비메탈이나 펑크 록을 들으면서 환각 상태를 느낀 적이 있습니까?
- 성적인 상상을 자주하고 자위행위를 합니까?
- 성희롱이나 성폭행을 당한 적이 있습니까? 몇 살 때였습니까?
- 만성적인 질병을 가지고 있습니까?
- 하나님의 존재나 당신의 구원에 대해 심각하게 의심했던 적이 있습니까?

마치면서 고린도전서 10:13을 천천히 암송하십시오. 이 말씀이 힘이 될 것입니다. **항상 마음에 간직하십시오!**

2일 영혼결합(Soul Ties)

성경읽기: 창세기 2:24; 마태복음 19:5; 고린도전서 6:15-17

'영혼결합'이란 두 사람 사이에 일어나는 불건전한 하나 됨을 뜻합니다. 이것은 어떤 사람에 대한 '기억'이나 '감정' 이상의 것으로서, 영적으로 결합되는 상태입니다. 영혼결합은 감정적인 교류에서 생기기도 하고, 성행위를 포함한 육체적인 관계로 생기기도 합니다. 또 영혼결합은 부모나 친구, 혹은 형제, 자매 사이처럼 가까운 사이에서 생긴 비정상적인 관계일 수도 있습니다. 어떤 영혼결합은 당신이 기억하지 못하는 가운데 견고한 진이 되어 있는 경우도 있습니다. 하지만 어떠한 경우이든지 영혼결합은 사탄이 우리 인생에 끼어드는 틈을 제공합니다.

창세기 2:24와 마태복음 19:5에 따르면 결혼할 때 반드시 깨져야 할 영혼결합이 있음을 보여줍니다. 어떤 영혼결합이 깨져야 합니까?(해당되는 것에 ✓하세요)

- ☐ 자신의 부모에 대한 복종
- ☐ 부모는 결혼한 자녀를 조종하거나 지배해서는 안 됨
- ☐ 모두 맞음

영혼결합은 아래의 둘 중 한가지 방법으로 형성됩니다

1. **하나님만 경배하고 의지하는 것을 대신하는, 다른 사람에 대한 헌신이 있을 경우입니다.** 따라서 영혼결합은 당신과 당신에게 중요한 사람(상담가, 배우자, 애인, 자녀)사이에 형성될 수 있습니다. 예를 들면 아브라함과 아들 이삭 사이에는 영혼결합이 있었던 것으로 보입니다. 하나님이 이삭을 제물로 바치라고 했을 때 아마도 이 문제를 해결하고자 하셨던 것 같습니다. 아브라함이 순종의 행동으로 영혼결합을 깼다는 것을 보셨을 때 하나님은 제물로 바치는 것을 막으셨습니다. 아브라함이 주님을 자기 마음의 보좌 위에 다시 모셨기 때문에 이삭을 제물로 바칠 필요가 없어진 것입니다.

2. **둘째는 배우자에게만 속하는 밀착된 관계를 갖는 경우입니다.** 예를 들어서 아직 결혼하지 않은 사람들이 결혼의 언약 관계에서만 허락되는 신체적인 관계를 갖는다든지, 결혼한 사람들이 자기의 배우자에게만 허락되는 관능적인 입맞춤을 포함한 감정적이고 육체적인 관계를 가질 때 영적결합이 생깁니다. 반드시 육체적인 관계가 없었다고 해도 상상만으로도 영적결합은 만들어질 수 있습니다(당신이 그런 관계에 빠졌다면 믿을만한 사람에게 도움을 청하십시오!).

고린도전서 6:15-17을 읽어 보십시오. 여기서 창기와의 관계가 끝나고 나면 혹은 시간이 지나서 잊어버리면 영혼결합도 없어진다고 생각하십니까? 아니면, 잊어버렸다 해도 영혼결합이 지속된다고 생각하십니까?(해당되는 것에 ✓하세요)

☐ 시간이 지나면 없어진다.　　☐ 시간이 지나도 계속 남는다.

영혼결합이 있다는 얘기는 두 가지 일이 생겼다는 의미입니다

❶ **죄가 저질러진 것입니다.** 그래서 우리에게 죄의식이 생기고, 하나님께 진짜 죄가 됩니다. 사탄이 우리를 괴롭히는 견고한 진이 건설됩니다.

❷ **영적인 속박이 생깁니다.** 우리는 영혼결합이 있는 모든 사람과 영적으로 묶입니다. 예를 들어 간음은 내적인 혼란을 가져오는 견고한 진을 만들어 당신의 배우자와의 건강한 영적인 하나 됨을 어렵게 합니다. 우리는 여전히 불륜상대와 결합되어 있고 우리에게 잠재적인 영향력을 갖습니다. 다윗이 밧세바와 지은 죄는 그에게 끝없는 고통을 주었습니다.

지금도 자꾸 예전에 관계를 가졌던 일이 생각이 난다면, 그 사람과의 영적결합일지 모릅니다. 하나님 앞에 전심을 갖는 것보다 어떤 관계가 더 중요하다면 그것은 견고한 진입니다. 그런 견고한 진을 가지고 있다면 당신은 계속 패배할 것입니다.

영혼결합을 끊는 방법

영혼결합은 반드시 죄로 다루어져야 합니다(요한일서 1:9). 사건 하나 하나를 따로 다루어야 합니다. 먼저 **고백**하십시오. 죄를 구체적으로 열거하고, 죄를 고백할 뿐 아니라 그 죄를 통해 기쁨을 누리고 있었음도 고백하십시오. 다른 사람들 앞에서 죄를 고백하는 것이 아주 중요합니다(데살로니가전서 5:11).

다음은 **씻음**입니다. 죄를 예수님의 십자가 아래로 가져가서 용서함을 받고, 하나님께서 당신을 깨끗하게 하신 것을 깨달을 때까지 '경청의 방'에서 머무십시오.

마지막으로 **묵상**입니다. 무엇이 영혼결합을 유발했습니까? 고독이었습니까? 성에 대한 호기심이었습니까? 분노나 다른 사람에게 상처를 주려는 결심이었습니까? 그렇게 행동하도록 만든 것이 무엇인지 분명히 알 때 비로소 당신은 견고한 진에서 해방될 수 있을 것이며, 사탄은 당신을 다시 유혹할 근거를 잃게 될 것입니다.

골로새서 1:13-14을 묵상하십시오. **"아버지께서 우리를 암흑의 권세에서 건져내셔서, 자기의 사랑하는 아들의 나라로 옮기셨습니다. 우리는 그 아들 안에서 구속 곧 죄 사함을 받았습니다."**

영혼결합을 맺은 그 사람과 당신 사이에 쇠사슬이 묶여있는 장면을 상상해 보십시오. 그리고 예수님께서 결합을 끊으셨다고 예수의 능력의 이름으로 **선포**하십시오. 손을 가슴에 얹고 영혼결합의 대상에게 속한 모든 것을 그에게 돌려주십시오. 마지막으로, 당신의 모든 것을 찾아오십시오.

그리고 이렇게 **기도**하십시오. "저는 자유롭습니다. 저는 용서받았습니다. 저는 예수 그리스도를 통해 영혼결합의 대상으로부터 영원히 깨끗해졌습니다."

당신 혼자서 할 수 없을 때

많은 경우 영혼결합을 처리하기 원하는 사람들은 타인에게 민감하고 기도로 분별하는 성령 충만한 신자의 도움이 필요합니다. 혼자서 깰 수 없는 영혼결합의 견고한 진을 가지고 있다면 어떻게 해서든지 영적인 동료의 도움을 구하십시오. 멘토나 목자나 목회자일 수 있습니다.

하나님은 믿음생활에서 우리를 돕도록 부르심을 받은 사람들을 보내주십니다. 그런 사람들과 나누기를 두려워하지 마십시오. **"오늘이라고 하는 그날그날, 서로 권면하여, 아무도 죄의 유혹에 빠져 완고하게 되지 않도록 하십시오"**(히브리서 3:13).

3일 우상숭배를 처리하기

성경읽기: 출애굽기 20:3-5; 요한일서 5:21; 갈라디아서 5:19-21

우리는 십계명 중 첫번째 계명이 가장 쉽다고 생각하는 경향이 있습니다. 하지만, 첫번째 계명은 결코 쉬운 계명이 아닙니다. 우상은 우리도 모르는 사이에 우리의 생활 속에 깊숙히 침투해 있습니다.

하나님께서 명확하게 말씀하셨습니다. **"너희는 내 앞에서 다른 신들을 섬기지 못한다. 너희는 너희가 섬기려고 위로 하늘에 있는 것이나, 아래로 땅에 있는 것이나, 땅 아래 물 속에 있는 어떤 것이든지, 그 모양을 본떠서 우상을 만들지 못한다. 너희는 그것들에게 절하거나, 그것들을 섬기지 못한다. 나, 주 너희의 하나님은 질투하는 하나님이다. 나를 미워하는 사람에게는, 그 죄값으로, 본인뿐만 아니라 삼사 대 자손에게까지 벌을 내린다"**(출애굽기 20:3-5).

제가 선교사로서 오래 머물렀던 싱가포르는 불교의 영향을 받아서 그렇겠지만, 대부분 사람들은 우상 숭배를 하고 있습니다. 집에는 대부분 부처나 보살, 또는 알 수 없는 신들의 형상을 진열하는 '신당'이 있습니다. 우상이 흔하다 보니 여행객들도 별 생각 없이 이런 것들을 사서 집에 가져갑니다.

그러나 하나님은 우상 숭배를 지극히 미워하십니다. 우상 숭배하는 사람들은 그들의 자손까지 벌을 주신다고 하실 정도입니다. 왜 그런 걸까요? 로마서 1장에 그 답이 나옵니다. 하나님은 그의 영원하신 능력과 신성을 그 만드신 만물을 통하여 보여주셨습니다. 그러나 사람들은 자신들에게 말했습니다. "내가 하나님의 존재를 인정하면 그 다음 논리적인 순서는 내가 그 앞에 절하고 경배해야 한다는 것이야. 그리고 나는 내 인생의 주권을 포기하게 되는거야. **나는 절대로 그렇게 하지 않을 거야!"** 결국 인간이 우상을 만든 동기는 그들이 하나님을 따르지 않고 자기의 뜻대로, 즉 무법자로 살기 원했기 때문입니다. 그들은 자신들이 신을 만들면 결국 그 신들보다 자신들이 더 뛰어나다는 것을 당연히 알기에, 신들이 자기들에게 복주는 일을 하도록 신들을 조종합니다.

그들은 **"썩지 않는 하나님의 영광을, 썩어 없어질 사람이나 새나 네 발 짐승이나 기어다니는 동물의 형상으로"**바꾸어 놓았습니다(로마서 1:23). 따라서 모든 우상은 그 우상을 만든 사람이 하나님의 권위를 거부하고 있다는 담대한 선언인 셈입니다. 하지만 사람이 하나님을 거부하면 그 대가는 분명히 치르게 되어 있습니다. 인생은 파괴되고 왜곡됩니다. 그것이 그들이 받는 벌입니다.

중국 사람들은 종종 이렇게 얘기합니다. "나는 부모님 때문에 교회갈 수 없습니다. 그 분들을 화나게 하고 싶지 않습니다. 그리고 그 분들은 자신들의 종교를 가지고 있습니다." 이런 말을 들을 때마다 우상의 저주가 '삼사 대'까지 내려간다는 말씀이 생각이 납니다. 가족의 전통을 따르라고 압박하는 우상숭배의 가정에서 자라났기 때문에 많은 사람들이 지옥으로 떨어집니다.

나는 우상을 부수고 '신당'을 태우는 의식에 몇 번 참석한 적이 있습니다. 동양의 우상숭배하는 사람들은 대부분 부적을 가지고 있습니다. 목장식구들이 허락을 받아 이런 것들을 집에서 깨끗이 청소합니다. 하나님을 찬양하며 이런 것들을 찾아 제거합니다.

우상이 있는 곳에 견고한 진이 있습니다

견고한 진은 영혼결합을 통해서 생긴다고 지난 과에서 배운 것을 기억하십니까? 이제 두 번째 알아야 하는 것은 우상숭배가 견고한 진을 만든다는 사실입니다. 싱가포르에서는 사람들이 우상을 사서, 그것을 절로 가져가서 그 속에 영을 집어 넣는 행사를 합니다. 그리고는 집에 그 우상을 모셔둡니다. 하지만, 집에 그 우상을 둔 사람들은 악마 앞에서 먹고 자는 것입니다. 악마는 능력으로 마음을 어둡게 하여 두려움과 미신을 불러 오고 그 가족을 감옥에 가둡니다. 그렇게 그 가족에게는 견고한 진이 만들어집니다.

진정한 하나님 나라의 시민은 아무리 가족들이 화를 낸다 하더라도 우상을 제거해야 합니다. 다른 신을 섬기는 사람들에 대한 하나님의 분노에 대한 얘기는 구약 전반에 걸쳐 나옵니다. 하나님은 우상을 섬기는 것을 영적인 간음으로 보십니다.

우상이 위험한 이유중 하나는 '속이는 능력'입니다. 사탄은 사람들의 눈을 멀게 하고 귀를 막아서, 우상이 얼마나 악한지 결코 깨닫지 못하게 합니다. 만약 그들이 그 안에 악한 영이 서려있다는 것을 깨닫는다면, 뱀을 보고 소스라치게 놀라서 뒤로 물러나듯이 그렇게 반사적으로 우상으로부터 물러날 것입니다.

어떤 형상을 섬기는 것만이 우상은 아닙니다

사전에는 우상이 이렇게도 정의되어 있습니다. "지나치게 집착하고 열중하게 하는 대상." 우상이 섬기는 것뿐만 아니라, 우리가 지나치게 집착하고 열중하는 대상이라면, 우상 숭배는 동서양을 막론하고 가장 일반적인 죄입니다.

사탄은 거짓말하고 속일 뿐 아니라 또한 영리합니다. 사탄은 문명화된 사회에서 사는 사람들에게는 다른 종류의 우상을 사용합니다. 그들이 **"지나치게 집착하고 열중하게 하는 대상"**을 주어 우상 숭배하도록 만듭니다. 그것은 좋은 차나 집이나 여행이나 운동(직접하거나 관람하거나), 야망이나 취미나 예술일 수 있습니다. 어떤 경우든지 우상은 숭배자에게 안정감과 안락을 제공합니다. 어떤 사람들에게는 마약이나 술이나 도박이나 음란이 우상이 되기도 합니다.

이 문제에 확실히 맞서 봅시다

당신의 삶에서 우상숭배와 그것이 만든 견고한 진을 용납해 왔다면 지금 그것을 해결할 때입니다. 하나님이 당신을 자유롭게 하실 수 있습니다. 그분의 능력이 이미 당신에게 있습니다. 먼저 할 것은 '경청의 방'으로 가서 주님께 말씀 드리는 것입니다. 우상을 악으로 보지 못하도록 당신의 눈을 가린 속임수로부터 벗어날 수 있도록 간구하십시오. 자신에게 솔직하십시오. **당신이 지나치게 집착하는 것에 속박되어 있지 않습니까?**

사무엘상 15장에서 하나님은 이스라엘에게 아말렉 족속의 모든 사람과 모든 동물을 죽이라고 명령하셨습니다(나쁜 것과 좋은 것을 섞어 놓으면 결국 다 부패할 것임을 하나님께서는 아셨기 때문입니다). 그러나 사울왕은 좋아 보이는 것을 남기고 아각왕의 생명을 살려주었습니다. 이 불순종으로 말미암아 사울은 훗날 왕위를 잃습니다. 타협의 여지가 있을 수 없었던 것입니다.

당신이 우상을 가지고 있다면 당신은 사탄이 원하는 대로 당신을 조종하는 영역인 견고한 진을 가지고 있는 것입니다. 그렇게 되면 당신의 삶에는 승리가 없을 것이며 하나님의 평강이 있지 못할 것입니다. **숭배하는 잘못된 대상을 철저히 파괴할 때입니다.**

수년 전에 우리 가족은 베트남에 선교사로 갔었습니다. 선배 선교사가 우리에게 말했습니다. "거기에 가거든 모든 소유물은 마음 속이 아니라 손에 들고 있어야 할 것입니다." 그것이 무슨 말인지 그 때는 몰랐지만 곧 알게 되었습니다. 우리가 그곳에 간지 몇 주 안되어 사이공이 함락되었습니다. 많은 선교사들이 그곳을 떠났지만 가진 것을 들고 갈 수는 없었습니다. 모든 것을 두고 떠나야 했습니다. 그 충고를 기억하며 비슷한 충고를 여러분에게 하고 싶습니다. **우상을 파괴하십시오. 그것을 여러분 가슴에 두지 말고, 손에 들고 있으십시오. 언제든지 우상이다 싶으면 버릴 수 있도록 우상이 여러분을 파괴하도록 타협하지 마십시오.**

"경청의 방"으로 갈 시간입니다. 당신은 어떤 우상을 숭배하고 있습니까?

4일 땅의 보물

성경읽기: 누가복음 16:19-31; 마태복음 6:19-23

누가복음 16:19-31에 나오는 부자는 죽은 후에 얼마나 많은 소유를 누렸습니까?(해당되는 것에 ✓하세요)

☐ 모두 누렸다. ☐ 전혀 누리지 못했다.

오늘은 영혼결합, 우상숭배에 이어 견고한 진을 만드는 또 하나의 문제를 생각해 봅시다. 그것은 바로 이땅의 보물에 대한 소유욕입니다. 싱가포르에 있던, 어느 날 저는 그 나라의 문화를 좀 더 배워보려고 싱가포르의 가장 오래된 지역으로 나섰습니다. 거리를 걷다가 대나무와 종이로 물건을 만들어 파는 가게를 발견하고는 들어가 보았습니다. 거기에는 종이 의자와 핸들까지 갖춘 절반 크기의 벤츠차 복제품과 가구를 갖춘 1.5m 정도의 크기의 밝고 화려한 색채의 대궐같은 집과 요염한 옷을 입은 실제 크기의 아주 육감적인 금발머리 미녀 인형 등이 막 팔려나가고 있었습니다.

놀랍게도 이것들은 방금 사망한 불쌍한 택시 기사의 장례식을 위한 것이라고 했습니다. 그가 이 땅에서 누려보지 못했던 것에 대해 그렇게라도 즐겨보라고 시체를 화장할 때 이런 모형들을 같이 태웁니다. 가난하게 살아온 사람이 부자들이 누렸던 기쁨을 영의 세계에서 조금이라도 누려보라고 그렇게 하는 것었습니다. 불교는 세계 3대 종교 중 하나인데, 그런 종교가 영의 세계를 관능적인 성행위가 계속되는, 정욕을 채우는 장소로 묘사하고 있다는 것이 놀라웠습니다. 하나님의 나라는 이런 것이 아닙니다.

마태복음 6:19-23에서 예수님께서는 '땅의 보물'과 '하늘의 보물'을 말씀하셨습니다. 우리가 가치를 두어야 할 '하늘의 보물'이 무엇입니까? **우리가 답을 안다면 우리는 우리 인생을 좀 더 다르고 특별하게 살 것입니다.** 예수께서 말씀하셨습니다. **"너의 보물이 있는 곳에, 너의 마음도 있을 것이다."**

땅의 보물은 열거하기 쉽습니다. 모두 "우리가 소중히 여기는 것"과 관련이 있습니다. 당신은 무엇을 가장 소중히 여깁니까? 사람마다 다릅니다. 소중히 여기는 목록은 끝이 없습니다. 그러나 더 중요한 것은 어디에 우선순위를 두느냐 하는 우리의 마음자세입니다.

당신은 지금 무엇을 혹은 누구를 가장 소중히 여깁니까? 앞에서 우리가 생각했던 목록을 다시 한번 복습해 보겠습니다. 당신이 방금 죽어서 하나님 앞에 섰다고 생각해 보십시오. 그리고 그 순간 당신에게 아래의 목록의 순위가 어떻게 바뀔지 한번 상상해 보시기 바랍니다. 앞에서 작성했던 것을 보지 말고 아래 목록에 순위를 매겨 보십시오. 가장 높은 순위 옆에 '1'을 적고 가장 낮은 순위에 '18'을 적으십시오. 당신이 생을 마감하고 하나님 앞에 섰을 때 무엇을 가장 소중하게 여길지 한 번 생각해 보시기 바랍니다.

나의 가치 체계, 2부(방금 죽은 나의 가치는?)

순위	가치
	부자가 되는 것
	재미있는 일을 하는 것
	큰 일을 이루는 것
	갈등 없이 사는 것
	타인과 동등함을 느끼는 것
	가족을 안전하게 하는 것
	마음대로 선택하는 것
	행복하고 만족하는 것
	내부의 갈등에서 해방되는 것
	절친한 친구를 만드는 것
	범죄로부터 안전하게 되는 것
	삶을 즐기는 것(여행, 영화 등)
	하나님의 뜻을 행하는 것
	자긍심과 자존감을 갖는 것
	인정받고 존경받는 것
	타인과 가깝게 지내는 것
	올바른 결정을 내리는 것
	권력의 욕망

"돈이 가는 곳에 마음이 간다"는 말이 있습니다. 영원한 것에 소망을 두고 썩어 없어질 물질에 과도한 애착과 충성심을 두지 마십시오. 마가복음 10:21에서 예수님께서 한 청년을 **"사랑스럽게 여기셔서"** 말씀하셨습니다. **"너에게는 한 가지 부족한 것이 있다. 가서, 네가 가진 것을 다 팔아서, 가난한 사람들에게 주어라. 그리하면, 네가 하늘에서 보화를 차지하게 될 것이다. 그리고, 와서, 나를 따라라."**

"사랑스럽게 여기셔서"라는 말을 마음 깊이 담아 보십시오. 예수님께서는 이 청년을 사랑하셨습니다. 예수님은 그가 재물에 눈이 멀어있다는 것을 아시고 마음 아파하셨던 것입니다. 그리고 만일 그가 마음을 빼앗기고 있는 그 재물을 팔아 가난한 사람을 돕거나 주님의 일을 위해 드릴 때, 그의 삶이 얼마나 풍성해질지 주님은 아셨습니다.

마태복음 6:24에 나오는 '재물'이라고 번역된 헬라어 단어는 '맘몬' 인데, 그 단어는 재물의 신이라는 뜻으로도 사용되는 단어입니다. 즉, 예수께서는 돈을 사랑하는 것은 악한 영을 숭배하는 것과 같다는 의미로 말씀하시는 것입니다. 재물은 조심해서 다루고, 현명하게 사용되어야 합니다. 왜냐하면 재물에 대한 잘못된 헌신은 우리에게 견고한 진을 만들어, 우리 눈을 멀게 하고 하나님께 대한 진정한 헌신을 파괴하기 때문입니다.

재물에 대한 문제와 관련해서 나와 아내가 41년 넘게 지키고 있는 원칙입니다. 읽어 보시고, 마음에 담으시기 바랍니다.

> 종의 일은 주인에게 순종하는 것이다.
> 종에게 필요를 공급하는 것은 주인의 의무이다.
> 따라서 종은 결코 염려할 필요가 없다!

5일 그냥 한번 해 봐! (Just Do It!)

성경읽기: 고린도후서 6:1-2; 빌립보서 1:6, 2:12-13

고린도후서 6:1을 볼 때 바울은 누구에게 편지를 쓰고 있습니까?(해당되는 것에 ✓하세요)

- ▧ 동료 그리스도인
- ▧ 아직 그리스도인이 되지 않은 사람들

고린도후서 6:2에서 '구원의 날'은 그리스도를 영접할 때 받는 처음 구원을 뜻하나요?(해당되는 것에 ✓하세요)

- ▧ 맞음
- ▧ 틀림
- ▧ 확실치 않음

두번째 질문에 답하는 게 어려우면 구원에는 단계가 있다는 것을 기억하시기 바랍니다. 빌립보서 1:6에서 **"선한 일을 여러분 가운데서 시작하신 분께서 그리스도 예수의 날까지 그 일을 완성하시리라고, 나는 확신합니다"**라고 얘기하는 구원과 빌립보서 2:12-13에서 **"그러므로, 사랑하는 여러분, 여러분이 언제나 순종한 것처럼, 내가 함께 있을 때뿐만 아니라, 지금과 같이 내가 없을 때에도 더욱 더 순종하여서, 두렵고 떨리는 마음으로 자기의 구원을 이루어 나가십시오"**라고 얘기하는 구원이 서로 다른 개념입니다.

당신의 구원은 세 가지 단계를 거칩니다.

❶ 십자가로 인하여 죄의 **대가**로부터 자유로워지는 처음(과거) 구원.

❷ 성령님과 함께 함으로 매일 죄의 **권세**로부터 자유로워지는 현재 구원.

❸ 언젠가 죄의 **존재**로부터 완전히 자유로워지는 미래 구원.

고린도후서 6:2말씀은 '오늘'을 위해 당신에게 쓰인 것으로 죄의 **권세**로부터 자유로워지도록 권면합니다. 오늘 하루가 당신에게는 '구원의 날'입니다! 따라서 우리는 매일 죄와 싸워 자유로움을 누려가야 합니다.

'죄'라는 뜻의 단어인 'sin'의 가운데에는 'I'가 있습니다. 'I'는 '나'라는 뜻입니다. 즉, 죄의 근원에는 '나'를 중심에 놓으려는 생각이 있습니다. 따라서 '죄'는 '교만한 내(I)'가 저지르는 죄된 행동(sins)일뿐 아니라, 당신 삶을 지배하려고 하는 '교만한 나(I)' 그 자체입니다. 따라서 당신이 예수 그리스도를 당신의 삶 가운데에 모시고 당신의 가치관과 습관과 생활에 존재하는 견고한 진을 그분께 맡기면 당신은 그분의 능력으로 인하여 견고한 진에서 해방될 것입니다.

더 중요한 것은, 당신의 승리 하나하나가 당신 주위에서 영적 싸움을 싸우고 있는 많은 사람을 도울 수 있다는 것입니다. 당신은 오직 자신과 자신의 필요만을 생각하는 이기주의자가 되어선 안됩니다. 고침을 받은 우리는 주님의 능력을 전해서 다른 사람들의 회생을 도와야 합니다.

저는 일생 동안 저의 체중과 씨름을 해 왔습니다(당신도 저와 비슷한 문제가 있다면 저의 고통을 이해하실 것입니다!). 결국 저는 당뇨병에 걸렸는데 의사가 이렇게 말하더군요. "당뇨병으로 죽든지, 아니면 하루에 한 시간씩 운동하고 음식을 조절하든지 둘 중에 하나를 선택하셔야 합니다." 저는 현실을 똑바로 바라보아야만 했습니다. 오랫동안 경고를 무시하고 운동을 소홀히 했던 결과를 맞이한 것입니다. 바로 다음날 헬스클럽에 등록해서 내 딴에는 최선을 다해 한 시간 동안 걷기를 시작했는데, 스무살 중반쯤 되어 보이는 날씬한 여성이 마치 제가 움직이지 않고 그냥 서 있다는 착각이 들 정도로 순식간에 저를 추월해 지나갔습니다. 얼마나 창피했던지요! 그런데 그녀의 티셔츠 뒤에 새겨진 글씨가 저를 다시 한번 당황시켰습니다. **"그냥 한번 해 봐!"**(JUST DO IT!)

저는 혼잣말로 얘기했습니다. "주님, 이제까지 주님은 저에게 천둥과 번개를 통해, 그리고 조용하고 작은 목소리로 말씀하셨습니다. 그런데 티셔츠를 통해서 말씀하시기는 처음입니다!"

이제 '경청의 방'으로 갈 시간입니다. 아마 지난 며칠 동안 성령님께서 당신에게 깨우쳐 주신 견고한 진과 싸워 왔을 것입니다. 혹시 이런 생각이 들지는 않았습니까? "나는 이 문제를 해결 할 수 없어. 전에도 시도했었잖아? 실패했을 때 오는 패배감은 정말 싫어. 또 그러고 싶지 않아."

누가 이런 생각을 당신 마음에 심었는지 아십니까? 성령님입니까? 물론 아닙니다. 당신은 하나님의 음성뿐만 아니라 사탄의 속삭임도 분별할 줄 알아야 합니다. 잘 들어 보십시오! 성령님이 이렇게 말씀하시지 않으십니까? "그 때 네가 승리하지 못한 것은 나만이 할 수 있는 것을 네가 하려고 시도했기 때문이야. 이제 그 시도를 그만 두렴. 그리고 너희 삶 전체를 나에게 주렴. 하늘과 땅의 모든 권세를 내가 가졌으니 내가 주관하면 너는 문제 해결을 받을 수 있단다!"

복습질문

❶-1 견고한 진으로부터 구출될 준비로서 가장 중요한 것은 무엇인가요?

❶-2 견고한 진으로부터 놓이기 위해서 처리되어야 할 것은 무엇인가요?

❷-1 영혼결합이 형성되는 세 가지 방법을 쓰십시오.

❷-2 영혼결합을 끊는 다섯 가지 단계를 쓰십시오.

❸-1 우상숭배는 어떤 선언입니까?

❸ - 2 오늘날의 우상은 무엇입니까?

❹ - 1 땅의 보물은 '소중히 여긴다'라는 말과 관련이 있습니다. 그렇다면 중요한 것은 무엇입니까?

❹ - 2 우리가 물질에 대해 가져야 하는 태도는 무엇입니까?

❺ - 1 죄란 무엇입니까?

❺ - 2 우리가 견고한 요새와 싸워서 실패하는 이유는 무엇인가요?

8주

"개인의 삶"

태도를 처리하기

1일 행복은 선택이다

성경읽기: 마태복음 5:3-12

당신은 '행복'을 어떻게 정의하십니까?(해당되는 것에 ✓하세요)

- ☐ 나의 환경에 만족하고 사는 것
- ☐ 아름다운 집에서 부유하게 사는 것
- ☐ 사랑하거나 존경하는 사람과 함께 있는 것
- ☐ 친한 친구와 훌륭한 식사를 하는 것
- ☐ 스트레스없이 사는 것
- ☐ 바닷가에서 멋진 휴가를 보내는 것
- ☐ 내 성취에 만족하는 것

기타: ______

미국에서는 웨이터가 음식을 갖다 주면서 대부분 **"Enjoy!"**(기쁨으로 즐기세요)라고 말합니다. 그런 말을 들을 때 어떤 생각이 들 것 같으세요? 저는 가끔 "음식 한 그릇이 뭐 그리 대단하다고…" 하는 생각이 들 때가 있습니다. 웨이터가 진심으로 이 음식을 먹으면 행복해질 거라고 생각하고 말한 것일까요?

언젠가 미국 오클라호마 주청사 건물에 일어났던 폭탄 테러를 기억하시나요? 그 일이 있고 나서 얼마 후 어떤 사람이 오클라호마에서 길을 걷다가 몹시 불안한 표정으로 있는 한 교회 식구를 만나서 물었답니다. “무슨 일이 있으세요?” 그 사람이 대답했습니다, “신문을 못 보셨어요? 그들이 폭탄으로 우리 모두를 다 지옥으로 날려 보낼 거라고 협박하잖아요!” 그래서 그가 말했답니다. “폭탄이 떨어진다 해도 그것이 우리를 지옥으로 보내지는 못해요. 아마도 천국으로는 보낼 수 있겠지요!”

우리는 너무나 환경에 지배를 받으며 살고 있습니다. 우리는 우리도 모르게 행복을 주어진 환경에서만 찾을 수 있다고 믿도록 세뇌되어 있는 것입니다. 하지만 하나님은 진정한 행복은 환경이 아니라 **관계**에서 찾을 수 있다고 말씀하십니다.

마태복음 5:3-12은 행복의 비밀을 알려줍니다.

마음이 가난한 사람은 행복합니다. 왜냐하면 그들은 다른 사람에게 잘 보여야 한다는 욕구를 포기했기 때문입니다. 그들은 본인이 성취 때문이 아니라 하나님의 아들이기 때문에 존귀하다는 것을 알고 있는 사람입니다.

슬퍼하는 사람이란 재난을 당한 사람을 말하는 것이 아니라, 자신의 과거 죄를 진정으로 후회하고 자신을 주님께 완전히 드린 사람을 말합니다. 그들은 행복한 사람입니다.

온유한 사람이란 약골같은 사람을 말하는 것이 아니라, 어린 양처럼 목자의 보호 아래서 평안을 누릴 줄 아는 사람입니다. 그들은 행복한 사람입니다.

의에 주리고 목마른 사람은 진리를 찾았기 때문에 행복한 사람입니다. 예수님 한 분만이 의로우시며, 그분이 모든 믿는 자들 안에 거하시며 그들의 의로움이 되어 주십니다. 그들은 하나님의 사랑을 받기 위해 규칙에 얽매일 필요가 없습니다. 그들은 내재하시는 그리스도와 교제를 즐길 뿐입니다.

자비로운 사람은 행복합니다. 그들은 다른 사람들에게 온정과 호의를 베푸는 것이 얼마나 기쁜 일인지를 발견했기 때문입니다.

마음이 깨끗한 사람은 행복합니다. 더러운 생각과 행동 때문에 생기는 죄책감이 없기 때문입니다.

평화를 이루는 사람은 행복합니다. 마음이 상한 자들에게 평강의 왕을 소개하기 때문입니다.

의를 위하여 박해를 받고 모욕을 당하고, 비난을 받는 사람은 행복합니다. 그럴 때마다 그들이 진정한 그리스도인이라는 것이 드러나기 때문입니다.

우리가 믿음생활을 할 때, 환경은 우리의 행복을 더 이상 좌지우지하지 못합니다. 대신, 그리스도 안에 살 때에 오는 **'헤아림을 뛰어 넘는 평화'**를 누릴 수 있습니다.

❗ 행복은 선택입니다. 옆 그림에서 컵이 어떻게 보입니까?(해당되는 것에 ✓하세요)

- ▨ 컵의 반이 찼다.
- ▨ 컵의 반이 비었다.

❗ 컵의 반이 찼다고 보지 않고 반이 비었다고 보는 사람은 행복에 대해 문제가 있다고 생각합니까? 왜 그렇게 생각하나요?

어떤 사람들은 항상 불행합니다. 어떤 사람들은 가끔 행복합니다. 어떤 사람들은 얼굴에 항상 기쁨이 넘쳐서 만나는 모든 사람들에게 그것을 비춥니다.

어떤 것이 당신을 가장 잘 표현합니까?(해당되는 것에 ✓하세요)

- ▧ 사람들은 내가 웃는 것을 잘 보지 못하며 나를 행복한 사람이라고 생각하지 않는다.
- ▧ 사람들은 내가 보통 웃고 있고 행복한 사람이라고 생각한다.
- ▧ 사람들은 내가 기분에 좌우되고 변덕이 심해서 어떻게 반응할지 모르겠다고 생각한다. 사실 나도 나 자신을 잘 모르겠다.

당신은 어떤 사람으로 보이기 원합니까?(해당되는 것에 ✓하세요)

▧ 기쁘고 행복한 사람 ▧ 심각하고 불행한 사람 ▧ 변덕스러운 사람

사람들이 당신을 어떤 사람으로 생각하는지 잘 모르겠다면(행복한 사람인지 불행한 사람인지), 목장모임에 가서 내놓고 물어보십시오. 당신은 더 이상 염려와 불안으로 걱정하며 살 이유가 없습니다. 하나님 나라의 시민으로서 당신의 한가지 권리는, 당신을 불행하게 만드는 사탄의 공격을 거부하는 것입니다.

기억하십시오. 모든 태도의 뿌리는 영적인 상태와 관련이 있습니다. 우리의

삶은 항상 내재하시는 그리스도의 임재와 연결되어 있습니다. 그분은 우리에게 **그분의 기쁨과 평화와 행복을 주시려고 오셨습니다.** '경청의 방'에서 오늘 성경 말씀을 묵상하십시오. **당신께 주시는 하나님의 말씀을 들으십시오.**

2일 이성과의 관계에 대해서

성경읽기: 마태복음 5:27-30; 고린도전서 6:9-10; 요한복음 8:12

마태복음 5:27-30에 의하면, 음욕을 품는 것이 실제로 성관계를 가지는 것보다 가벼운 죄라고 가르칩니까?(해당되는 것에 ✓하세요)

- ▧ 간음이 더 심각한 죄이다.
- ▧ 음욕을 품는 것이 더 심각한 죄이다.
- ▧ 둘 다 똑같이 심각한 죄이다.
- ▧ 음욕을 품지 않고 사는 것은 불가능하다.

간음(adultery)과 음란(fornication: 고전 6:9에 음란 혹은 음행으로 번역)의 차이를 아십니까? 간음은 결혼한 사람이 자기 배우자가 아닌 다른 사람과 성행위를 하는 것을 의미하며, 음란(행)은 결혼하지 않은 두 남녀간의 성행위를 의미합니다.

고린도전서 6:9-10에는 이런 사람에게는 가혹하게 들릴 만한 말이 나옵니다. 간음하는 자나 음란한 자는 "하나님 나라를 상속" 받지 못한다는 말의 뜻은 무엇인가요? "상속받는다"라는 말은 하나님 나라의 통치를 "같이 나눈다"는 뜻입니다. 다시 말해서, 이성과 불건전한 관계를 갖는 사람은 그런 영광을 맛볼 수 없다는 말입니다. 그분이 우리를 통치하고 계실 때, 그분 앞에서는 음욕을 품거나 행하는 일이 있을 수 없습니다. 우리가 그런 행위를 용납할 때 우리는 하나님 나라가 아닌 우리 자신이 세운 타락한 나라에 살고 있는 것입니다!

오랫동안 나는 크리스찬들의 성적 타락을 목격하면서 마음이 아팠습니다. 물론 우리 중에 성적으로 유혹을 한번도 받아본 적이 없다고 할 사람은 없을 것입니다. 하지만 그렇다고 이길 수 없는 것은 아닙니다. 세상 사람들은 쉽게 이렇게 말합니다. "음욕을 품지 않고 살 수 있는 사람은 없다. 음욕은 감정적으로 우리의 삶의 자연스러운 부분이며, 따라서 음욕을 억제하려고 들면 신경증 환자가 될 뿐이다." 이말이 진실이라면, 예수님께서는 지금 거짓을 가르치고 계신 것입니다.

저는 신학생들을 데리고 선교지를 방문하는 여름강좌를 인도했습니다. 그들은 대부분 점잖은 사람들이었고, 기혼자가 많았으며 앞으로 선교지로 나갈 사람들이었습니다. 5주가 끝나고 종강 파티 시간에 "우리가 함께 하는 동안에 가장 어려웠던 영적전쟁이 무엇이었나요?"하고 질문하면, 대부분 같은 대답을 했습니다. "그 기간 내내 음욕과 싸워야 했습니다."

이런 일을 우리는 당연하다고 받아들여야 합니까? 절대 그렇지 않습니다. 예수님과 바울의 가르침은 분명합니다. 음욕을 품는 자나 음행하는 자는 하나님 나라를 유업으로 받지 못합니다.

학생들이 아시아에서 버스를 탈 때, 몸이 들여다보이는 옷을 입었다거나 몸매가 드러나도록 꼭 끼는 옷을 입은 여자들을 보면 다들 그 곳에 정신이 팔려있는 것을 볼 수 있었습니다. 생소한 문화에 가면 사람이 물건으로 보인다는 것입니다.

평소에는 훌륭한 그리스도인들이 여성을 사람으로 보지 않고 물건으로 보았다는 것입니다. 음욕이 나쁜 것은 이렇게 하나님이 창조하신 한 인격을 물건으로 보기 때문입니다. 간음과 음란도 똑같은 것입니다. 상대방의 진정한 인격은 개의치 않고, 자신의 만족을 위해서 상대방을 이용하는 것입니다. 상대방을 즐길 대상으로 보면서 사람들을 이용하고 학대하는 사람에게는 하나님 나라에 자리가 없습니다.

만약 자신의 육체를 노출하는 옷을 입은 여자를 보았을 때, 예수님이라면 어떻게 하실까요? 예수님의 눈으로 사람을 본다면 우리는 이렇게 기도할 것입니다. "주님, 저 여인은 당신의 자녀입니다. 주님께서는 그녀를 위해 돌아가셨습니다! 그런데 그녀는 그런 자아상이 없어서 자신을 비하하고 있을 뿐입니다. 그렇지 않다면 저렇게 옷을 입지 않을 것입니다. 주님은 그녀가 육체로서가 아니라 인격적으로 사랑받고 존중받기를 원하십니다. 그녀가 자신을 소중히 여기고, 주님께서 허락하신 한 남자로부터 진정한 사랑을 받으며 살기를 원하십니다. 아버지, 그녀를 위해 기도하기 원합니다. 그녀의 이름도 모르지만, 그녀가 주님의 그 소원을 알게 되기를 바랍니다."

예수께서 말씀하셨습니다. **"네 오른 눈이 너로 하여금 죄를 짓게 하거든, 빼서 내버려라."** 당신의 눈을 예수님의 눈으로 바꾸십시오. 다섯 번 결혼하고 지금은 남편이 아닌 남자와 사는 사마리아의 여인을 만나셨을 때, 예수님은 그 여인을 그런 사람으로 대하지 않으시고 하나님을 만나야 하는 인격체로 대하셨습니다(요한복음 4:7-26). 그분은 우리 안에 거하십니다. 우리가 보는 것과 만지는 것을 그분께서 주관하실 때, 하나님 나라가 임하는 것입니다.

'경청의 방'에 갈 시간입니다. 고린도전서 10:13을 암송하거나 복습하십시오.

3일 연약한 형제

성경읽기: 로마서 14:1-15

상황: 담배를 오래 피운 새신자가 목장모임에 참석하고 있습니다. 당신은 우리 몸이 성령의 전이기 때문에 담배를 피우는 것은 안 된다고 생각합니다. 목장모임에서 이 문제가 나왔을 때, 담배를 피우는 식구가 말합니다. "나는 담배를 피우는 것이 나쁘다고 생각하지 않습니다. 이것은 개인이 결정할 문제입니다." 이럴 때 당신은 어떻게 하겠습니까?(해당되는 것에 ☑하세요)

- ☐ 그에게 생일 선물로 담배 한 보루를 선물한다.
- ☐ 상관하지 않는다.
- ☐ 담배를 끊으라고 강요하고 그렇지 않으면 모임에 나오지 말라고 한다.
- ☐ 아무 말도 하지 않고 기도한다.
- ☐ 그의 후원자가 되어 매주 이 교재로 공부한다.

종교의 문제 중의 하나는 '할 것'과 '하지 말 것'을 나열하고 있는 율법적인 목록입니다. 바울은 로마서 14:1-15에서, 우리가 다 하나님의 심판대 앞에 설 것이며, 서로 판단할 권리가 없다고 말합니다.

하나님의 나라에서 분명히 죄인 것이 있습니다. 간음이나 음란 같은 것이 여기에 해당합니다. 그에 비해서 분명히 옳은 것이 있습니다. '경청의 방'에서 기도하는 것이나 상처 받은 사람들을 돌보는 것 등이 그런 것이겠지요. 하지만 그에 비해서 성경이 분명히 얘기하지 않는 회색지대의 분야도 많습니다. 이런 경우에 우리는 서로에게 어떻게 행동해야 합니까?

두 가지의 원리가 있습니다

첫 번째 원리는, **주님을 기쁘시게 하는 한, 자유 안에서 누리며 사는 것**입니다(로마서 14:6). 우리는 왕의 자녀(파이스)이기에 동료 그리스도인들에게 속박되어 있지 않습니다. 따라서 우리는 머리를 길게 기르거나 짧게 하거나, 어떤 절기를 지키거나 지키지 않을 자유가 있습니다. 로마서 14:12에 보면, 그 부분에 대해서 내가 책임있게 행동했는지에 대해 우리는 언젠가 하나님 앞에 서야 할 것입니다. 예를 들어, 우리가 나태하게 살아서 하나님의 복을 남용했다면 우리는 그분께 설명해야 할 것입니다. 하지만, 확실치 않은 분야에 대한 나의 결정을 정죄할 권리가 있는 사람은 아무도 없습니다.

두 번째 원리는, **믿는 형제들에게 사랑으로 나아가야 한다는 것**입니다(로마서 14:15). 우리가 내 방식대로 사는 자유만을 고집한다면, 우리는 더 이상 사는 것이 아닙니다. 그러므로, 그리스도 안의 형제 자매들을 사랑하는 표현으로서 나의 자유를 포기해야 하는 상황이 있습니다.

수년 전에 저는 플로리다 주에 있는 펜사콜라라는 곳에서 목회를 했습니다.

당시 저는 자주 젊은 사람들과 해변가에 가서 바베큐 파티를 했습니다. 교회에서 모여 몇 대의 차에 나눠 타고 우리가 좋아하는 곳에 가서 수영을 했습니다. 어느 토요일도 그렇게 보내고 그 다음 날 주일 아침에 설교를 했습니다. 예배가 끝난 후, 문 앞에 서서 나오는 성도님들과 인사를 나누었습니다.

그런데 내가 좋아하는 80이 넘은 마마 마요라는 할머니가 나의 악수를 뿌리치며 나가버리는 것이었습니다. 놀라서 길까지 따라 나가 물었습니다. "할머니, 왜 그러세요? 제가 뭘 잘못했나요?" 그러자 그녀는 눈물을 흘리며 말했습니다. "저는 더 이상 목사님의 설교를 들을 수 없어요. 내가 사랑하는 목사님이 사람들 앞에서 체통없이 반바지를 입고 다니시다니요!"

그때 나는 그 전날 예배당 앞에서 음식을 싣고 있을 때 반바지 차림이었다는 것이 생각이 났습니다. 본의 아니게 저는 이 나이 많은 분에게 상처를 준 것입니다. 나는 애처롭게 말했습니다. "할머니, 용서해 주세요. 그것이 할머니께 상처가 되리라고 생각지 못했습니다. 제 생각이 짧았습니다. 다시는 반바지를 입고 다니지 않을게요. 약속합니다!"

그 이후부터 저는 꼭 해변에 도착해서 반바지로 갈아 입었습니다. 저에게는 반바지를 입을 자유가 얼마든지 있었지만, 마마 할머니를 위해서 제 자유를 속박한 것입니다. 세월이 지나서 그분의 가족들은 마마 할머니 장례식을 저에게 집례해 달라고 부탁했습니다. 그날 저는 그분의 관 옆에 서서 저에게 주어진 자유를 아가페 사랑으로 절제했던 것에 대해 얼마나 기뻐했는지 모릅니다.

이처럼 목장에 참석하다 보면, 이런 불분명한 부분에서 당신과 생각이 다른 사람들을 만날 것입니다. 이런 사람들을 보면 하나님께서 나를 다듬어 가기 위해서 허락하신 '천국의 사포'(샌드페이퍼)라고 생각하십시오. 이런 사람들을 통해 나만을 위하는 삶과 다른 사람을(주님을 포함하여) 생각하는 삶의 차이를 발견해 보시기 바랍니다.

'경청의 방'에 갈 시간입니다!

아래의 목록을 사용하여 나눔과 주님의 음성을 듣는 데에 인도함을 받으십시오(해당되는 것에 ✓하세요).

- 내가 먹는 음식 중에 다른 사람에게 시험이 되는 것이 있습니까?
- 내가 마시는 것 가운데 다른 사람에게 시험이 되는 것이 있습니까?
- 나의 습관 가운데 내게는 괜찮은 것 같지만, 나를 보는 다른 사람들을 힘들게 하는 습관이 있습니까?
- 다른 사람들이 내게 어떤 행위를 강요하여, 그리스도 안에서 내가 누려야 할 자유를 빼앗고 있는 것이 있습니까?
- 내가 너무 율법적이고 다른 사람의 삶에 민감하여 그들의 자유를 빼앗고 있지는 않습니까?
- 예수께서는 "나를 믿는 이 작은 사람 가운데서 하나라도 걸려 넘어지게 하는 사람은, 누구라도 차라리 그 목에 큰 맷돌을 달고 깊은 바다에 빠지는 편이 낫다"(마태복음 18:6) 라고 말씀하셨습니다. 나는 목장에 있는 영적으로 어린 사람을 충분히 배려하고 있습니까? 그리스도 안에서 자유를 누린다고 하면서 하는 나의 행동이 그들에게 상처가 되는 것은 없습니까?

기도

"주 예수님, 다른 사람들에게 민감하게 해 주옵소서. 내가 행하거나 말하는 모든 것이 다른 사람들에게 복이 되게 하옵소서. 당신이 나를 통해 얼마나 사랑하기를 원하시는지 깨닫게 하시고, 제게 다른 사람들을 향한 당신의 사랑을 더욱 많이 주옵소서. 제 삶의 어떤 상황에서도 제 뜻이 아니라 당신의 뜻을 택하게 하소서. 아멘."

4일 나의 '서열'

성경읽기: 고린도전서 9:19-23; 갈라디아서 3:28; 야고보서 2:1-10

'서열'이라는 말은 닭이 '모이를 쪼는 순서'라는 말에서 유래되었습니다. 그래서 영어로는 'Pecking Order'(쪼는 순서)라고 합니다. '대장' 수탉이 먼저 모이를 쪼고, 나머지 닭들도 어떤 정해진 서열에 따라 모이를 쫍니다.

사람들 사이에도 이와 같은 '서열'이 있습니다. 예를 들면, 백인들은 유색인종을 우습게 봅니다. 또 제가 아는 한 한국인 친구는 동경에서 방을 구하는데 아주 어려움을 겪었다고 합니다. 일본인들은 한국인을 서열상 그들보다 아래라고 생각하기 때문이었습니다. 또 세상에 존재하는 언어에는 대부분 세 종류의 어휘가 있습니다. 존대어, 평상어, 낮춤말.

예전에 제가 한국을 방문했을 때, 제 명함에 찍힌 직함은 'Executive Secretary'였습니다. '수석 보좌관' 이라는 의미로 미국에서는 상당히 높은 직책인데, 한국 목사님들은 제 명함을 볼 때마다 나를 어떻게 대해야 하는지 당황하는 빛이 역력했습니다. 'Secretary'를 '비서'라고만 알고 있으니 혼돈이 되었던 것이지요. 제가 본인들보다 서열상 낮은 사람인지 높은 사람인지 알 수가 없었던 것입니다.

우리는 간혹 사람들이 이런 말을 하는 것을 듣습니다. "당신이라면 딸을 아무개와 결혼시키겠어요?" 이 말 뒤에 숨어있는 사람에 대한 차가운 차별이 느껴지십니까? 사탄은 이렇게 우리를 갈라놓기를 기뻐하며 세상에 '서열'을 만들어 놓았습니다. 우리 모두 그 서열의 피해자입니다!

당신의 책임을 점검하기

사람들이 서로를 어떻게 대하는가에 대해서 연구한 폴란드의 유명한 한 사회학자는 사람들을 세 부류로 나눌 수 있다고 했습니다.

❶ '사람'같은 사람(The 'People' People)

이 사람들은 우리가 사람으로 보는 부류의 사람들입니다. 이들은 사회적으로나, 지적으로나, 그리고 경제적으로나 우리와 동등하거나 우리보다 위에 있다고 여기는 사람들입니다. 우리는 그들과 함께 있을 때 편안함을 느끼며 우리의 마음을 솔직히 털어놓고 싶어집니다. 우리는 그들과 함께 있는 것을 즐기며, 그들이 우리보다 여유가 있어서 이익을 줄 수 있는 사람이면 한층 더 친근함을 보이기도 합니다(야고보서 2:1-10을 보십시오).

❷ '기계'같은 사람(The 'Machine' People)

이 사람들은 우리가 기계로 보는 사람들입니다. 우리는 그들을 이용하는 것에서 그칠 뿐 그들을 개인적으로 알고자 하지 않습니다. 예를 들면, 은행 창구직원이나 자동차 수리공 같은 사람들이지요. 물론 우리는 가끔 그들에게 공손히 대하고 또 가족에 대해 물어보기도 하지만, 그것은 좀 더 질 좋은 서비스를 받기 위해서 하는 행동이지 정말 그들에게 관심을 두는 것은 아닙니다. 따라서 만약 그들이 어려운 하소연을 하거나 하면 우리는 어떤 핑계를 대서라도 그 자리를 피할 것입니다.

❸ '풍경'같은 사람(The 'Landscape' People)

이 사람들은 위의 두 부류에 속하지 않는 사람들입니다. 우리는 그들에게 아무런 관심이 없으며, 그들을 알기 위해 시간을 투자하려는 생각도 없습니다. 예를 들면, 엘리베이터에 같이 탄 사람들이나 길을 걸을 때 스쳐 지나가는 사람들이 그런 사람입니다. 그들은 우리가 기차를 탔을 때 창밖으로 수없이 지나가는 전봇대처럼 그저 '풍경'일 뿐입니다. 그들은 우리에게 아무 가치가 없습니다.

우리는 사람을 어떻게 보고 있습니까? 하나 하나 하나님의 형상을 닮은 사람들인데 우리는 그들을 '서열'을 정해놓고 보고 있지는 않습니까? 또는 그저 스치는 '풍경'으로 보고 있지 않습니까? 하나님의 나라에는 사람을 보는 눈이 바뀌어야 합니다.

고린도전서 9:19-23의 요지는 무엇입니까?

갈라디아서 3:28는 '서열'에 대해 무엇이라고 합니까?

야고보서 2:2-4은 내가 교회나 목장 모임에서 사람들을 다르게 대하는 것에 대해서 뭐라고 말씀하십니까?

'경청의 방'의 기도의 자리에서 생각해 보십시오. 당신의 오이코스에 있는 사람들을 생각하고 그들을 어떻게 대하는지 생각해 보십시오. 그들은 당신에게 '사람', '기계', '풍경' 중 어떤 것입니까? 그들의 이름을 적고 '사', '기', '풍'중 적당한 것에 동그라미 치십시오.

1. 형제 자매를 포함한 직계가족:

_______ 사 기 풍 _______ 사 기 풍

_______ 사 기 풍 _______ 사 기 풍

_______ 사 기 풍 _______ 사 기 풍

2. 직장이나 학교에 있는 사람들:

_______ 사 기 풍 _______ 사 기 풍

_______ 사 기 풍 _______ 사 기 풍

______ 사기풍 ______ 사기풍

❸ 목장식구들:

______ 사기풍 ______ 사기풍

______ 사기풍 ______ 사기풍

______ 사기풍 ______ 사기풍

내재하시는 그리스도께서 당신이 그들을 어떻게 대하기 원하십니까?

5일 누가 누구에게 상처를 주는가?

성경읽기: 에베소서 4:30-32

에베소서 4:31에 나오는 악한 감정들이 어떻게 성령님을 슬프게 한다고 생각하십니까?

(해당되는 것에 ✓하세요)

- ▧ 성령님은 그런 악한 것들과 어울릴 수 없기 때문에
- ▧ 그런 악한 것들은 성령님이 주시는 것이 아니기 때문에
- ▧ 성령님이 우리 안에 계시기 때문에 그런 악한 것들로 인해 고통받으신다.
- ▧ 그런 악한 것들은 결국 우리의 기쁨과 평화를 파괴하기 때문에
- ▧ 모두 맞음

에베소서 4:30에 쓰인 "슬프게"라는 말은 '애가 타고 고뇌한다'라는 뜻입니다. 이런 감정이 어떤 것인지 이해합니까? 살면서 이런 감정을 느낀 적이 있습니까? 있다면, 그 때 당신의 마음이 얼마나 아팠는지 기억해 보십시오. 혹시 진정으로 사랑했던 사람이 세상을 떠난 경험을 해본 적이 있으신가요? 그 사람에 대한 그리움, 다시 볼 수 없다는 사실에 슬픔을 넘어서 고통스럽기까지 합니다.

만약 우리가 우리 안에 그런 악한 감정을 가질 때, 우리 안에 내재하시는 성

령님께서도 이런 똑같은 고통을 겪으십니다. 바울이 하는 말은 이것입니다. "이런 것들을 버리라. 그것들은 당신 안에 내재해 계시는 성령님의 마음을 찢는다."

여섯가지 악한 감정

그렇다면 31절에 나오는 여섯가지 악한 태도와 감정에 대해서 조금 더 자세히 살펴 봅시다.

모든 쓴 뿌리

이것은 주위에 있는 모든 것을 삼켜버리는 염산과 같은 것입니다. 이것은 과거에 상처를 받은 기억을 계속 되새기면서 키워온 내 안에 원한같은 미움입니다. 당신이 만약 그런 쓴 뿌리를 가지고 있다면 다음 질문에 답을 해 보시기 바랍니다. "나의 쓴 뿌리가 결국 누구를 파괴하고 있는가? 나에게 피해를 준 그 사람인가?" 그렇지 않습니다. 쓴 뿌리의 피해자는 바로 당신입니다. 쓴 뿌리는 상대방이 아닌 바로 당신 자신의 내부를 썩게 합니다. 사탄의 속임수 때문에 우리가 이것을 깨닫지 못할 뿐입니다. 이런 쓴 뿌리의 결과로 우리는 육체적 질병, 정서적 피폐, 그리고 비논리적 사고방식 등에 시달리게 됩니다. 가장 안타까운 것은, 성령님께서 아파하시고 돕지 못하신다는 것입니다.

격정과 분노

격정은 뿌리 깊고 파괴적인 치밀어 오르는 울화를 말합니다. 분노는 상대방을 파괴하고 상처를 주려는 욕구입니다. 이것은 쓴 뿌리로 인해 오는 것으로서 파괴적인 행동을 수반합니다. 내부에 깊이 숨겨져 있던 감정이 표면으로 나오는 것입니다.

소란과 욕설

소란은 "으르렁대듯이 소리 지른다"는 뜻을 가진 헬라어에서 나왔습니다. 이것은 먹이에게 달려들며 지르는 사자의 으르렁거림과 같은 것입니다. 쓴 뿌리가 상처를 주고자 폭발한 것입니다. 그것이 외부로 분출될 때의 모습이 '욕설'입니다. 욕설은 어떤 사람을 파괴하려는 의도에서 쓴 뿌리가 말로 표출되는 것입니다. 내용의 사실여부와는 상관없이 욕설의 의도는 잘라 내고, 상처를 주고, 파괴하려는 것입니다.

모든 악의

악의라는 말은 다른 사람의 가치를 파괴하려는 악한 의도를 의미합니다. 즉 다른 사람들을 파멸시킬 수 있는 것은 무엇이든 하려는 병적인 집착입니다.

이런 악한 감정들은 흔히 섞인 채로 나타납니다

세상 나라에서는 사람들이 이런 주제에 기초한 소설이나 영화를 보면서 이런 일들을 지켜보는 것을 즐깁니다. 그러다 보니 나쁜 생각은 더욱더 심해져 갑니다. 즉, 악은 악을 낳고 사회는 점점 더 타락의 소용돌이로 빠져 들어갑니다.

당신은 마음속에 쓴 뿌리를 간직하고 살고 있지는 않나요? 저는 어렸을 때 아버지에게 성적학대를 당한 원한에 찬 여인을 알고 있습니다. 사업을 유산으로 물려주겠다고 해 놓고 약속을 지키지 않은 아버지에게 원한을 가지고 있던 한 청년을 알고 있습니다. 속고 사기를 당해서 상처받은 사람들의 이야기는 끝이 없습니다. 어떤 고용주는 연금을 주지 않으려고 충실히 일해온 장기근속자를 이유없이 해고합니다. 세상에는 원한을 품을 만한 일들이 너무나 많습니다.

당신도 그런 쓴 뿌리를 가지고 있습니까? 그것이 무엇입니까?

그런 쓴 뿌리의 파괴적인 힘에 시달려 오셨습니까? 이제 이 견고한 진으로부터 벗어날 준비가 되었습니까?

31절에 나오는 가르침은 분명합니다. **이런 것들을 내버리십시오.**“**정말 그렇게 해 보십시오!**” 이 첫 번째 단계를 반드시 해야 한다는 것을 깨닫는 것이 아주 중요합니다. 자기 연민으로 그 안에 빠져 있는 것은 결코 문제 해결에 도움이 되지 못합니다.

성령님은 우리가 이런 악한 감정을 버리기로 결정하기를 기다리시며, 우리를 지켜보시고 근심하시며 슬퍼하십니다. 우리가 확실한 결정을 내리고 도움을 청하면 그분께서는 우리에게 응답하십니다. 이 때 그분은 “도우러 우리 옆에 오시는 분”(이것이 보혜사의 문자적 의미입니다)이 되십니다. 당신이 첫번째 단계를 밟을 때, 그분은 더이상 멀리 계시지 않습니다. 첫발을 내딛었을 때, 그분은 더 이상 멀리 계시지 않습니다. 당신은 그분을 당신 마음 속 중심에 다시 모셔들이는 것입니다. 이때 모든 것이 변합니다.

자신에게 물어보십시오. “내 악한 감정으로 인해 누가 파괴되고 있는가?” 당신 자신을 그 명단 제일 위에 놓으십시오.

"내가 이러는 것은 당연해. 내가 과한 반응을 보이는 것이 아니야. 이 모든 아픔의 상처가 아직 고스란히 남아 있잖아!"라고 자신을 정당화하지 마십시오. 비록 그것이 맞는 말일지라도 그렇게 할 때 당신은 스스로가 치료받는 것을 거부하고 있는 것입니다. 당신 외에 또 누가 파괴되어 가고 있습니까? 당신의 친구, 가족, 그리고 당신 가까이에 있는 당신이 사랑하는 사람들이 아닙니까? 쓴 뿌리의 영은 접촉하는 모든 것에 염산을 뿌리는 것과 같다는 것을 기억하십시오.

하나님의 나라에서 우리는 아주 훌륭한 두 모범을 기억합니다. 바로 예수님과 스데반 집사입니다. 두 분은 죽임을 당할 때 같은 말을 했습니다. "아버지, 저 사람들을 용서하여 주십시오. 저 사람들은 자기네가 무슨 일을 하는지를 알지 못합니다!" 당신이 '도우러 옆에 오시도록' 성령님을 초청할 때 예수께서 그분의 사랑과 용서로 당신의 상처에 응답하실 것입니다.

도움이 필요합니까? 목장에서 나누시기 바랍니다. 목자와 목장식구들이 함께 들어줄 것입니다.

지금은 '경청의 방'에 갈 시간입니다. 

❶-1 진정한 행복은 어디에서 발견됩니까?

❶-2 모든 태도의 뿌리는 무엇입니까?

❷-1 성적으로 유혹받는 것이 하나님 나라에서 정상적인 문제이지만, 성경의 분명한 가르침은 무엇입니까?

❷-2 음욕을 품는 기본적인 이유는 무엇입니까?

❸-1 나의 삶에서 첫 번째 원리에 적용할 수 있는 예는 무엇이 있을까요?

복습질문

❸ - 2 나의 삶에서 두 번째 원리에 적용할 수 있는 예는 무엇이 있을까요?

❹ - 1 이번 과에서 다루는 주제는 무엇인가요?

❹ - 2 목원들은 나에게 '사람', '기계', '풍경'중 어떤 부류여야 하나요?

❺ - 1 감정과 관련해서 언제 성령님께서 고통을 받으시나요?

❺ - 2 원한과 같은 감정이 누구를 파괴합니까?

9주

권세에 맞서기

영적 전쟁

1일 하나님의 마음

성경읽기: 베드로후서 3:9; 이사야 30:18; 에스겔 18:23, 33:11; 로마서 2:4

하나님의 나라에 들어가는 것이 악과 불신의 세력으로부터 완전히 격리되는 것을 의미하지는 않습니다. 가끔 하나님께서 아브라함을 인도하셨던 방식을 읽노라면 미소가 지어질 때가 있습니다.

히브리서 11:8-10에 보면, 아브라함이 고향을 떠나 먼 길을 떠날 때 하나님이 지으실 도시를 바라며 갔다고 합니다. 그러던 어느날 드디어 하나님이 말씀하십니다. "아브라함아, 바로 여기이다. 여기가 앞으로 네가 살 곳이다." 주위를 둘러본 아브라함은 아마도 이렇게 말했을 것입니다. "하나님! 여기라고요? 이런 곳으로 절 데리고 오시다니 전혀 뜻밖입니다. 제 여정의 목표를 아시지 않습니까? 저는 정말 주님과 더 가까워지기를 원했습니다. 그 목적으로 가족과 친구를 떠났습니다. 그런데 여기는 그럴만한 곳이 아닌 것 같습니다! 이곳은 **사악한 곳**인걸요. 언덕 위로는 남근상이 즐비하고, 이들은 우상을 위해 처녀를 제단에 바치고, 아기들을 산 채로 번제물로 바칩니다. 저는 하나님께서 저를 아직 죄로 물들지 않은 평화로운 산속이나 해변으로 인도하시리라 생각했습니다. **정말로 여기서 살라는 말씀입니까?**"

이해할 수 없는 하나님

아브라함이 하나님을 좀 더 잘 알았다면, 자기를 그곳으로 인도하신 하나님의 목적을 금방 깨달을 수 있었을 것입니다. 에스겔 33:11에서 이렇게 말씀하십니다. **"내가 내 삶을 두고 맹세한다. 나는, 악인이 죽는 것을 기뻐하지 않고, 오히려 악인이 그의 길에서 돌이켜 떠나 사는 것을 기뻐한다. 너희는 돌이켜라. 너희는 그 악한 길에서 돌이켜 떠나거라."**

왜 하나님이 아브라함을 가나안 땅으로 보내셨을까요? 바로 그들을 구원하기 위해서입니다. 그리고 같은 이유로 하나님은 그분의 아들을 우리에게로 보내셨습니다. 이러한 하나님의 인자와 자비는 성경에 끝없이 기록되어 있습니다. 하나님은 한 인간의 몸, 그리스도의 몸을 입고 가장 캄캄하고 추악한 곳으로 오셨습니다. 구원은 인간의 몸을 입으신 그리스도를 통해서 우리에게 전해졌습니다. 악한 세상에 하나님의 나라가 임한 것입니다.

비신자들에 대한 하나님의 생각이 베드로후서 3:9에 어떻게 나타나 있습니까?
(해당되는 것에 ✓하세요)

- ☐ 하나님은 불순종하는 자들을 오래 참으신다.
- ☐ 하나님은 회개하지 않는 자들을 불로 심판하시기를 원하신다.

혹시 '구약의 하나님'과 '신약의 하나님'은 다르다는 주장을 하는 사람을 본 적이 있습니까? 그들은, 원래 하나님은 구약에서 보는 것처럼 진노의 하나님인데, 사람들이 믿기 쉽게 하려고 신약에 와서 온유한 하나님을 만들었다고 주장합니다. 성경을 조금만 깊이 연구해 보면 이것이 말도 안되는 주장이라는 것을 알 수 있습니다. 구약성경의 수없이 많은 곳에서 온유하고 오래 참으시는, 그리고 구원하고자 하시는 하나님을 증거하고 있습니다. 조금 전에 읽었던 에스겔 말씀에 이어, 이사야 30:18에서도 비신자에 대한 하나님의 마음이 나옵니다. **"그러나 주님께서는 너희에게 은혜를 베푸시려고 기다리시며, 너희를 불쌍히 여기시려고 일어나신다. 참으로 주님께서는 공의의 하나님이시다. 주님을 기다리는 모든 사람은 복되다."** 이것은 능력으로 우리의 마음을 흔드는 말씀입니다. 따라서 그분이 거하시는 우리의 마음 속에는 믿지 않는 사람들에 대한 긍휼함이 일어나야 합니다. 로마서 2:4에 따르면, **"하나님의 풍성하신 인자하심과 너그러우심과 오래 참으심"**의 이유는 바로 **"그들을 인도하여 회개하게 하시려는 하나님의 인자하심"** 때문이라고 합니다.

이 책은 당신이 하나님 나라에 필요한 가치관을 이해하도록 돕기 위하여 쓰여졌습니다. 우리가 알아야 할 가장 중요한 하나님 나라의 가치관은 바로 **인도하여 회개하게 하시는 하나님의 사랑**을 사람들에게 말하는 것입니다.

하나님께서 가장 가치있게 여기시는 것이 무엇인지 생각해 본 적이 있습니까? 아래의 표에 하나님이 가장 소중하게 여기신다고 생각되는 것을 순서대로 번호를 매겨보시기 바랍니다(이것이 어렵다는 것을 압니다. 제대로 순위를 매겼는지 목자님이나 멘토를 만나서 상의해 보세요).

______ 그분의 아들 예수님이 사랑받고 존경받는 것을 보는 것
______ 우리 안에 그분의 나라를 세우시는 것
______ 그분의 완벽한 뜻으로 우리를 인도하시는 것
______ 우리에게 일상의 필요를 채워 주시는 것
______ 우리를 시험에서 구해주시는 것

_______ 우리에게 경배와 찬양을 받으시는 것

_______ 모든 사람을 의로 심판하시는 것

_______ 우리에게 그분의 의를 주시는 것

_______ 우리 안에 그분의 영을 심으시는 것

_______ 아들의 십자가 죽음을 통해 모든 사람들에게 영원한 구원을 주시는 것

이 문제를 생각하면서 "이건 말도 안돼! 어떻게 인간이 하나님의 우선순위를 알 수 있단 말인가?"라고 말하고 싶었을지도 모르겠습니다. 물론, 사람마다 여러 가지 추측이 가능하겠지만 하나님이 가장 소중하게 생각하시는 것이 무엇인지는 의문의 여지가 없습니다. **"아들의 십자가에서 죽으심을 통해 모든 사람들에게 영원한 구원을 주시는 것"**입니다. 이것을 '1'번으로 선택하셨습니까?

성경은 이 진리를 창세기부터 요한계시록까지 성경 전체를 통해 분명히 밝힙니다. 하나님이 지속적으로 열망하시는 것은 모든 사람들이 그분의 사랑과 용서를 알고, 그분과 사귈 수 있다는 것을 알게 하는 것입니다.

이것이 사실이라면, 당신이 이 땅에 사는 동안, 하나님이 당신에게 하기 원하시는 것이 무엇일까요?(해당되는 것에 모두 ☑하세요)

- ☐ 모든 비신자들과의 교제를 끊고 그리스도인들과만 사귄다.
- ☐ 사탄의 지배에서 구출될 필요가 있는 사람들 가운데서 산다.
- ☐ 하나님의 놀라운 나라에 오도록 많은 비신자들을 인도한다.
- ☐ 나 혼자만 하나님을 즐거워하며 주변의 상처 받은 사람들의 고통을 무시한다.

오늘 공부의 목적은 다음 사실을 알게 하려는 것입니다. 만약 우리가 모든 사람들을 향한 하나님의 사랑을 깨닫는다면, 그리스도인으로서 우리의 첫번째 우선순위는 사람들을 십자가 앞으로 인도하는 것에 둘 것이라는 사실입니다. 이것이 우리 인생에서 우리가 경험해야 할 가장 큰 변화일 것입니다. 동의하지 않습니까?

'경청의 방'에 갈 시간입니다!

2일 사탄의 마음

성경읽기: 요한복음 8:44; 고린도후서 4:3-4; 요한일서 5:19

중요한 경기를 앞두고 운동 선수들은 상대팀의 경기를 보면서 전력을 분석합니다. 상대방에 대해 많이 알면 알수록 시합에서 유리하기 때문입니다.

어제 우리는 하나님의 마음에 대해 공부했습니다. 하나님은 모든 사람들을 사탄의 지배에서 구원하기를 원하십니다. 그리스도의 군사로서 우리는 사탄의 전략을 아는 것이 중요합니다.

요한복음 8:44는 사탄에 관하여 아주 잘 묘사하고 있습니다. 이 말씀은 예수님을 믿지 않는 유대인들에게 하신 말씀인데, 그들은 종교의식은 잘 지켰지만 하나님을 그들의 주권자로 받아들이지 않았습니다. 그들은 교만하고 잔인하고 냉혹했습니다. 주님께서 이렇게 말씀하십니다,

"너희는 너희 아비인 악마에게서 났으며, 또 그 아비의 욕망대로 하려고 한다. 그는 처음부터 살인자였다. 또 그는 진리 편에 있지 않다. 그것은 그 속에 진리가 없기 때문이다. 그가 거짓말을 할 때에는 본성에서 그렇게 하는 것이다. 그는 거짓말쟁이이며, 거짓의 아비이기 때문이다."

위 구절에 있는 한마디 한마디가 우리 원수의 성격을 깨우쳐 줍니다. 먼저 그는 모든 사악한 사람들의 '아비'입니다. 헬라어로 **'악마'**의 의미는 **'다른 사람들을 의도적으로 속여서 멸망으로 인도하는 사람'**입니다. 원수는 또 살인자입니다. 그에게는 진리가 없고 속임수로 가득합니다. 사탄은 거짓말을 할 때에 '본성에서 그렇게 한다'는 말에 주목하십시오. 그는 어떤 상황에서든지 절대로 진실을 말하지 않습니다. '거짓의 아비'인 사탄의 자녀들은 결코 진리를 들을 수 없습니다.

거짓의 아비가 비신자들에게 무엇을 하는가?

답이 고린도후서 4:3-4에 나와 있습니다. 또 요한일서 5:19에 사탄의 지배가 얼마나 널리 퍼져있는지 말합니다. **"온 세상은 악마의 세력 아래 놓여 있습니다."** 온 세상이 하나의 거대한 감옥입니다. 거기 있는 사람들은 영적 감옥에 갇힌 사람들입니다. 사탄은 그 감옥의 간수입니다. 사탄은 모든 사람의 눈을 가리고 마음을 혼미케 하여 그리스도의 빛을 보지 못하게 합니다.

눈을 가리고 널빤지 위에서 뛰어내리는 게임을 해 본 적이 있습니까? 한 사람의 눈을 가리고 널빤지에 세운 다음 다른 두 사람이 널빤지를 약간 들어 올려서 흔든 다음에 다시 바닥에 내려놓습니다. 그런 다음 무릎을 꿇고 몸을 낮추어 널빤지가 그만큼 높이 올려졌다고 얘기합니다. 눈을 가린 사람은 그들의 음성이 낮은 곳에서 들리기 때문에 자기가 정말로 높은 데 올려져 있다고 착각합니다. 그런 다음 "뛰어 내려!" 하면 실제로 높이가 몇 센티미터 안 되는데도 불구하고 이 사람은 자기가 높은 곳에서 뛰어내리는 줄 알고 쩔쩔 맵니다.

저도 해 보았는데, 어처구니없이 속았다는 것을 알았을 때 기분이 좀 씁쓸했습니다. 사탄이 비신자들을 속이는 책략도 이와 비슷한 것 같습니다. 마음의 눈가림을 당한 사람들은 이 세상에서 자신이 커다란 성공과 행복을 향해 높이 올라가고 있다고 생각하며 삽니다. **나중에 자기들이 속았다는 것을 알 때 얼마나 충격이 크겠습니까?**

사탄과 그의 마귀들은 자기들이 언젠가 영원한 불에 던져질 것임을 알고 있습니다(마태복음 25:41). 또한 자기들뿐만 아니라 모든 불경건한 자들도 모두 자기와 같이 그렇게 될 것임을 알고 있습니다(요한계시록 21:8). 사탄의 또 다른 이름은 '파괴자'입니다. 사탄은 어떻게 해서든지 우리를 감옥에 가두고, 우리를 향한 하나님의 사랑에 대한 진리를 이해하지 못하도록 우리 눈을 가리는 일에 온 힘을 쏟고 있습니다.

비신자를 그리스도께 인도하는 것은 전쟁입니다!

우리가 치열한 전쟁을 치르지 않고는 사탄의 포로가 된 자들을 구할 수 없습니다. 사탄의 포로가 된 자들에게 단지 구원의 계획을 설명하는 것만으로는 효과가 없습니다. 그들이 직접 **하나님 나라**를 보아야 비로소 거기에 들어가고 싶은 마음이 들 것입니다. 사탄은 끊임없이 속임의 영을 보내 불신자들의 마음의 눈을 가리고 하나님의 역사를 보지 못하게 합니다. 따라서, 우리는 이것이 영적인 싸움이라는 것을 이해해야 합니다.

하나님의 사랑에 완전히 눈이 먼 두 명의 친척이나 친구의 이름을 쓰십시오.

❶ ______________________ ❷ ______________________

위에서 읽은 내용에 비추어 볼 때, 그들은 어떻게 복음에 눈이 멀었습니까?
(해당되는 것에 ✓하세요)

- ▧ 그들은 100% 눈이 멀어서 어둠 가운데 있다.
- ▧ 그들은 목장의 초대에는 가끔 응하지만 복음에 관심이 없다.
- ▧ 하나님이나 그리스도의 사랑에 대해 오해하고 있다. 완전히 속고 있는 것이다.

우리 안에 계시는 그리스도에 대해 이 사람들이 알도록 도와야 한다는 책임을 느끼십니까? 혹시 '희망이 없다'고 그들을 포기하고 있지는 않았습니까? 만약 그렇다면, 그것은 사탄이 당신 안에 있는 하나님의 능력을 무력하게 만드는데 성공한 것입니다.

"내가 뭘 더 이상 할 수 있단 말입니까?"라고 묻고 싶습니까? 그렇다면 6주 5일차에서 배운 원리를 되새겨 봅시다. 거기서 우리는 **'이루어질 때까지 하는 기도'**의 중요성을 배웠습니다. 우리가 영적인 전쟁을 치르듯 그렇게 기도할 때 응답을 받을 것입니다. 앞으로 며칠 동안 이 점에 대해 더 살펴보겠습니다.

당신의 친구를 위해 이렇게 기도해 보시기 바랍니다

'경청의 방' 일기를 사용하십시오. 한 명당 한 쪽을 준비하십시오. 맨 위에 이름을 쓰십시오. 다음에 이 사람에 대해 당신이 아는 모든 것을 생각해 보십시오. 이 사람의 삶, 그가 속고 있는 것들, 악한 습관들, 왜곡된 믿음 등을 모두 기도제

목으로 바꾸어 적으시오. 그 각각에 기도를 시작하는 날짜를 적으십시오. 이 한 장의 종이가 당신의 '전쟁터'가 되는 것입니다.

'경청의 방' 시간에 이 사람을 위해 매일 기도하십시오. 당신이 적은 모든 견고한 진을 없애 달라고 기도하십시오. 이런 속박으로부터 구원해 달라고 주님께 간절히 기도하십시오. 동시에 새로 발견한 문제는 계속 적어나가십시오. 어떻게 해서든지 이 사람을 섬기고 사랑과 관심을 보일 수 있는 기회를 달라고 기도하십시오.

사탄은 전능하지 않습니다. 그는 하나님의 **아가페 사랑**이 그가 갇혀있는 감옥으로 침투하는 것을 막지 못합니다. 수년 동안 나는 당신과 같은 사람들에게 이렇게 간단히 영혼을 위한 싸움을 시작하도록 가르쳤습니다. 많은 사람들이 **'이루어질 때까지 하는 기도'**의 능력 때문에 일어난 많은 변화를 내게 간증했습니다.

지금 '경청의 방'에 갈 시간이 있습니까?

3일 "이루어질 때까지 하는 기도"의 능력

성경읽기: 시편 30:4-5; 시편 126:5-6; 에스겔 22:30

아래의 이야기는 실제 있었던 얘기입니다.

라일라와 그녀의 남편은 목장에서 **'이루어질 때까지 하는 기도'**의 원리를 실천하고 있었습니다. 그녀는 자기의 무거운 짐을 나누었습니다. "제 어머니는 72세인데 필리핀에서 아주 유명한 여배우셨어요. 저를 낳고 얼마 되지 않아 어머니는 이혼을 하셨고, 그 후로 사람들에게 마음을 닫으셨어요. 결혼하고 첫 아이를 가진 후에 저와 남편은 그리스도인이 되었습니다. 제가 우리에게 일어난 변화를 어머니에게 얘기하려고 할 때마다 몹시 화를 내셔요. 아직 제 간증 조차도 하지 못했어요."

우리는 같이 그녀의 '경청의 방' 일지에 그녀의 어머니를 위한 페이지를 만들었습니다(아래의 표 참고). 그녀는 매일 **'이루어질 때까지 하는 기도'**를 하기 시작했습니다. 그 후 저는 우리 목장 식구들이 모두 함께 텍사스주 벨빌 근처에 있는 한 농장에 가서 지냈던 주말을 잊을 수 없습니다. 저는 동트는 것을 보려고 아침 일찍 밖으로 나왔는데, 날이 아직 어두운데도 라일라가 거기 있었습니다. 내가 물었습니다. "잘 잤어요? 일찍 일어났군요."

“아니예요. 사실 밤새도록 여기 있었어요, 랄프 목사님. 엄마의 영적 상태가 무거운 쇠처럼 제 마음을 짓누르고 있어서 잠을 이룰 수 없었습니다.” 그녀는 자기 마음의 짐을 나누면서 흐느꼈습니다. 저는 시편 126:5-6을 조용히 읽어주고 같이 기도했습니다.

약 한 달 후, 단상에서 설교할 때 항상 같은 자리에 앉아 있는 라일라와 남편과 딸을 보았습니다. 그리고 그들 옆에는 그 나이에도 여전히 매우 아름다운 72세의 검은 머리 여인이 앉아 있었습니다. 라일라와 눈이 마주쳤을 때, 그녀는 끄덕였습니다 “예. 우리 엄마예요!”

다음 달, 라일라와 어머니는 생전 처음 깊은 얘기를 나누었습니다. 영화배우의 과거 모든 고통이 드러났고, 라일라는 자기의 믿음생활을 자유롭게 간증할 수 있었습니다. **그녀의 어머니가 그리스도의 주님 되심에 순복한다는 고백을 공중 앞에서 한 주일 아침을 영원히 잊지 못할 것입니다.** 수십 년 동안 하나님 생각하는 것을 막고 있었던 어두움에 하나님이 임재하신 것입니다. 이것은 딸이 열심히 기도한 결과였습니다.

어머니

기도시작날짜	기도해야 할 상황	기도응답날짜
2월 4일	그리스도에 대해 이야기하는 것을 거부하지 않도록	3월 12일
2월 4일	과거의 상처에 대해 이야기하는 것을 거부하지 않도록	3월 5일
2월 4일	남편과 딸을 외면하지 않도록	3월 1일
2월 4일	집에 성경 두는 것을 싫어하지 않도록	3월 15일
3월 1일	우리의 사랑의 진심을 받으시도록	3월 5일
3월 12일	우리의 간증이 좋은 씨앗이 되도록	3월 15일
3월 15일	목장에서 하는 파티에 참석하도록	4월 10 일
4월 10일	교회에 와서 목사님 설교 듣기를 동의하도록	5월 25일
5월 25일	주님 알고자 하는 마음이 생기도록	6월 25일
6월 25일	예수 영접모임에 참석하도록	7월 5일

라일라의 ‘경청의 방’ 일지의 한 면

무너진 성벽의 틈을 온 몸으로 막아 설 사람이 아무도 없는가?

하나님께서 에스겔 22:30 말씀을 하실 때, 예루살렘 성벽은 군데군데 허물어져 있었습니다. 적의 공격으로부터 보호해 줄 벽이 없었던 것입니다. 따라서 예루살렘은 아무도 지켜줄 사람이 없이 버려진 사람들을 상징합니다.

이 구절에서 하나님이 분노하시는 대상은 백성을 착취하는 사악한 지도자들입니다. 27절에 그들이 행위가 나옵니다. **"그 가운데 있는 지도자들도 먹이를 뜯는 이리떼와 같아서, 불의한 이득을 얻으려고 사람을 죽이고 생명을 파멸시켰다."** 예루살렘은 공격하는 적으로부터 그들을 보호해줄 장벽이 없는 백성들에 비유되고 있는 것입니다.

하나님께서 말씀하십니다. **"나는 그들 가운데서 한 사람이라도 이 땅을 지키려고 성벽을 쌓고, 무너진 성벽의 틈에 서서, 내가 이 땅을 멸망시키지 못하게 막는 사람이 있는가 찾아 보았으나, 나는 찾지 못하였다."**

수백 년 동안 우리는 '민족대학살'에 대한 끔찍한 소식을 반복해서 들어 왔습니다. 2차 대전 중 자행된 유대인 학살에 관한 얘기는 우리를 고통스럽게 합니다. 그 뿐입니까? 수많은 전쟁을 통해서 무자비한 군인들은 힘 없는 민간인들을 죽이고 고문하고 강간했습니다. 1993년에 일어난 보스니아 사태를 기억하십니까? 한 민족이 다른 민족에게 저지르는 만행이, 몇 달동안 반복되는 그 잔인한 대량학살의 소식이 TV로 전해질 때 온 세계는 분노했지만, 그것을 막으려고 행동하는 사람은 아무도 없었습니다.

똑같은 얘기입니다. 우리 주변에는 사탄에 의해 파괴되고 죽어가고 있는 수많은 사람들이 있습니다. 에스겔 22:30이 말하는 보호해 줄 장벽이 없는 그 백성들입니다. 에스겔서의 말씀은 여러분이 잘 아는 사람들에 대한 이야기입니다. 만약 하나님 나라의 시민인 우리가 그들을 내버려 둔다면, 하나님은 또 다시 고통당하실 것입니다. **잃은 자들을 위한 관심과 섬김, 그리고 그들을 위한 중보기도가 바로 '무너진 성벽 틈을 막아서는' 행동**입니다. 그것만이 마음놓고 파괴를 일삼는 사단으로부터 생명을 보호하는 성벽이 됩니다.

성경은 이렇게 얘기합니다. **"이땅을 지키려고…쌓고…성벽의 틈에 서서…막는 사람이 있는가 찾아 보았으나…"** 놀라운 사실은 우리 기독교인들이 그들을 위하여 기도하지 않기 때문에 구원받을 수 있는 수많은 사람들이 지금 이 순간에도 죽어가고 있다는 사실입니다.

경청의 방에서 우리가 하는 중보기도는 믿지 않는 사람들의 부패한 생각과 마음이 하나님의 은혜를 만나도록 합니다. 고린도전서 7:13-14은 이렇게 가르칩니다. **"또 어떤 여자에게 믿지 않는 남편이 있는데, 그가 아내와 같이 살기를 원하면, 그 남편을 버리지 말아야 합니다. 믿지 않는 남편은 그의 아내로 말미암아 거룩해지고, 믿지 않는 아내는 그 남편으로 말미암아 거룩해졌습니다."** 여기서 '거룩'이란 단어는 문자적으로 '**구별되어 정결하게 된다**'는 의미입니다. 다시 말해, 비신자들 가운데 한 사람이 먼저 예수님을 영접할 경우, 그는 믿지 않는 자기 배우자를 위해 '**무너진 성벽 틈을 막아서는**' 섬김과 중보기도를 해야 한다는 것입니다.

내 주위의 가까운 사람들이 사탄에 의해 눈이 멀었다는 것을 알면서 그들의 상태를 외면하며 산다는 것은 심각한 문제입니다. 캄보디아에서 벌어진 크메르 루즈의 대학살을 기억하십니까? 학살당한 수백만 명의 사람들은 킬링필드에 죽어서 묻혔고, 지금도 비가 오거나 하면 여기저기서 뼈가 드러나기도 합니다. 제 친구 가운데 한 사람도 거기서 참혹하게 튀어나온 뼈를 보았다고 했습니다. 아무도 그들을 도우려 하지 않았던 무정한 세상을 역력히 보여줍니다.

하나님 나라의 삶이란, 다른 사람들은 무시하고 사는 것에도 책임감을 느끼는 것입니다. 당신은 무너진 성벽 틈을 버티고 서서 파괴자와 맞서 싸울 준비가 되었습니까? **다시 '경청의 방'에 갈 시간입니다.**

4일 무엇이 우리를 존귀하게 하는가?

성경읽기: 로마서 10:3; 고린도후서 4:3-4

우리는 태어날 때부터 우리와 가까운 사람들을 따라 하는 성향을 가지고 있습니다. 어린아이일 때 우리는 부모님과 식구들의 태도와 행동을 흉내냅니다. 사탄은 이것을 알기 때문에 우리의 부모와 식구들을 통해서 우리를 파괴할 음모를 꾸밉니다.

로버트 맥기(Robert McGee) 라는 사람은 『**내 안의 위대한 나**』(두란노 출판)라는 책에서 사탄이 우리를 파괴하기 위하여 다음과 같은 세 가지 거짓말을 사용한다고 합니다.

❶ 하나님의 성품을 오해하게 만든다.
❷ 하나님의 사랑은 조건적이며 내가 어떻게 하느냐에 달려 있다고 믿게 만든다.
❸ 하나님께 보다는 사람에게 인정 받기를 추구하게 만든다.

보통 이런 거짓말들은 놀랍게도 주로 부모를 통해서 우리에게 각인됩니다. 부모들은 말과 행동으로 자녀들이 이렇게 느끼도록 만듭니다. "너의 **가치**는 네가 어떻게 하느냐에 달려 있어. 우리에게 사랑받기 원한다면, 너는 잘해야 해. 네가 하는 것이 만족스럽지 않으면 우리는 너를 사랑하지 않을거야." 이런 식으로 부모의 '사랑'도 대부분 우리가 한 일에 대한 상으로 주어집니다. 어릴 때는 음식을 남기지 않고 다 먹었을 때, 조금 자라서는 성적이 잘 나왔을 때, 시합이나 연주회에서 좋은 성과를 올렸을 때, 커서는 우리가 성공하거나 돈을 많이 벌면 부모님들은 자녀들을 인정해 줍니다. 부모에게 인정받을 만한 무언가를 하지 않으면, 우리는 그들의 '사랑'을 잃어버릴 것을 일찍부터 배웠습니다. 우리는 업적이 없이는 가치도 없다고 느끼며 살아왔습니다.

사탄은 지금까지 모든 사람에게 이런 패턴을 심어왔습니다. 스스로 존귀해지고자 하는 모습은 인류 최초의 가족에게서도 볼 수 있습니다. 하와가 말했습니다. "나는 하나님처럼 존귀한 존재가 되고 싶어요." 아담도 대답합니다. "하와, 나도 그런 존재가 되고 싶구려!" 그들의 자녀인 가인과 아벨도 존귀해지기를 원했고, 그들의 부모를 보면서 어떻게 해야 존귀해진다는 것을 배웠습니다. 그리고 가인은 아벨처럼 인정받지 못했을 때 동생을 죽였습니다. 이렇게 인류는 내가 인정받는 것이 다른 사람의 생명보다 더 중요하다고 여기기 시작한 것입니다.

인간은 모두 자기의 업적을 통해 존귀해지려고 하며, 자기를 인정해 줄 사람을 찾고 있습니다. 특별히 우리가 누군가를 하나님께로 인도하려고 할 때 이 사실을 기억해야 합니다.

비신자는 끊임없이 두려움 속에 살 수밖에 없습니다 (아래 그림을 보십시오). 인정받지 못한다는 것은 그들에게 가치가 없고 쓸모가 없다는 것을 의미합니다. 비신자에게는 사탄의 능력이 그들의 영을 직접 다스리기 때문에, 그들은 하나님께서 자신들을 얼마나 사랑해 주시는지, 그것 하나만으로도 자신들이 인정받고 가치있는 존재라는 것을 알지 못합니다. 그래서 그들은 자신들을 가치있게 만들어 줄 무언가를 성취하기 위해 몸부림치고 있습니다.

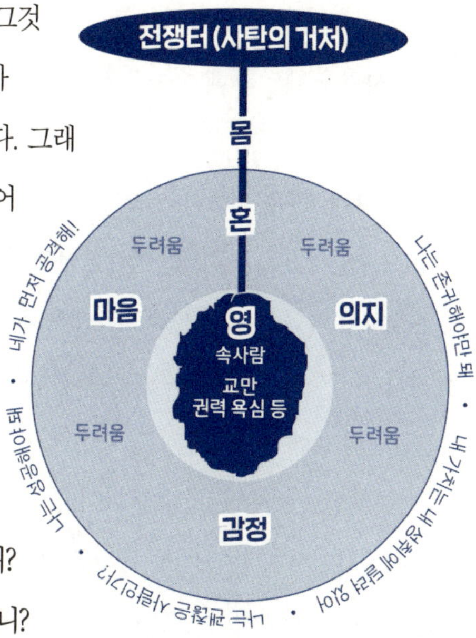

사탄은 끊임없이 우리를 유혹합니다. **"유명해지고 싶지 않니? 부자가 되고 싶지 않니? 남들이 부러워할 만한 학위를 받고 싶지 않니? 운동선수로 이름을 날려보고 싶지 않니? 사장은 어때? 훌륭한 음악가는?"** 만약 그런 경쟁을 할 만큼 능력이 없는 사람들에게는 마약이나 알코올 등 다른 방법으로 접근하여 스스로 자포자기 하도록 만듭니다. 자신이 '무가치'하다고 생각하는 사람들은 쉽게 비슷한 사람을 만나고 그들끼리의 문화를 만들어 갑니다. 이럴 때 사탄은 그들을 가만히 두질 않습니다. 이교, 신비주의, 폭력, 선동, 정치적 대립 등 여러 가지로 어떻게 해서든 문제를 일으키게 만듭니다.

사탄이 사용하는 방법은 끝이 없습니다. "너는 예쁜 몸매를 가졌잖아. 더욱더 패션에 신경 써. 취미활동을 열심히 해. 그것이 휴식이 아니라 우상이 되어 버리도록. 증권시장이라는 사당에 가서 돈을 숭배하렴. 아니면 일류 요리에 빠져 보는 것은 어때? 최고가 되어라. 라스베가스의 쇼를 보고, 멋진 여자들을 만나서 마음껏 욕망을 채워라. **짧은 인생에는 이런 것들이 의미있는 삶이란다.**"

사탄은 하나님께서 우리를 있는 그대로 받아 주신다는 사실을 깨닫지 못하게 막고 있습니다. 당신이 해야 할 일은 사랑으로 그 사람을 섬김으로서 그가 하나님의 사랑을 깨닫게 해 주는 것입니다.

말레이시아의 이포라는 곳에 사는 17세 난 한 소년이 그리스도를 영접했습니다. 그 소년의 부모는 하네문이라는 원숭이 신을 섬기는 사람인데, 이 사실을 알고는 분노하여 아들을 몹시 때리고 집에서 내쫓았습니다. 그날 밤 잘 곳이 없던 소년은 자기 집 문앞에서 잤습니다. 그 나라에서는 집으로 들어갈 때 신발을 벗어 집 밖에 있는 신발장에 넣어 놓습니다. 소년은 그날 밤 모든 신발을 닦아 두었습니다.

다음 날 밤에는 신발뿐만 아니라 아버지의 차도 닦았습니다. 한 주간 집 앞 현관에서 자면서 모든 노력을 다해 화가 난 아버지를 섬겼습니다. 결국 아버지는 울면서 아들을 껴안아 주었고 주 예수 그리스도를 믿게 되었습니다.

성령님께서는 당신이 이렇게 하나님의 사랑을 나타내기를 원하십니다. 비신자들을 받아들이기 위해 당신의 삶을 통해 역사하시기를 원하고 계십니다. 모든 사람을 조건없이 받아주시는 그분의 사랑을 보여주기 위하여 당신은 무엇을 하기 원하십니까? **'경청의 방'에 갈까요?**

5일 그리스도를 담고 있는 사람들

성경읽기: 빌립보서 2:4-8; 사도행전 20:24

1975년 1월 나는 아내 룻과 12살 난 아들을 데리고 전쟁으로 폐허가 된 베트남으로 선교를 떠났습니다. 하지만 4월에 사이공이 점령되는 바람에 거기 오래 머물지는 못했습니다. 그때 '형제'라고 불리는 한 선교사님의 얘기를 들었습니다. 그의 명성은 도시의 동쪽에서 우리가 살고 있는 서쪽까지 널리 알려져 있었습니다. 저는 동료와 함께 그를 만나러 찾아 나섰습니다.

빈민촌 거리에 차를 세우고 행인에게 물었습니다. "'형제'를 찾는데 어디로 가면 됩니까?" 그는 "이쪽 좁은 길을 따라 쭉 가세요. 진흙탕을 조심하시구요. 어느 정도 가다 다시 물어 보세요." 빈민가의 사람들은 모두 그를 알고 있었습니다. 여러 번 물어서 빈민촌 한 가운데 있는 그의 집에 도착했습니다. 그 집은 방 하나짜리 오두막보다 조금 큰 형편없는 판자집이었습니다. 그곳에 들어가서 해진 옷을 입고 있는 '형제'를 만났습니다. 마침 그는 거의 굶어 죽어가는 사람들에게 밥을 먹이고 있었습니다.

일이 끝나고 우리는 앉아서 함께 이야기를 나눌 수 있었습니다. 그는 영어와 불어를 완벽하게 구사했으며, 프랑스 소르본느 대학에서 박사학위를 받은 사람이었습니다. 카톨릭 신부였던 그는 한 때 하던 성당의 사역을 뒤로 하고 이곳에 들어와 가난한 사람들을 도우며 살고 있었습니다. 그가 말했습니다. "우리 주님은 하나님이 아무 조건 없이 우리를 사랑하신다는 것을 알려 주시기 위해 종으로 오셨습니다. 이 사람들은 아무 것도 없고, 아무도 돌보지 않습니다. 그리스도께서는 여기 빈민가 한가운데로 저를 보내셔서 그분의 사랑이 되게 하셨습니다."

그는 또 수년 동안 히브리어로 쓰인 시편을 베트남어로 번역하고 있다고 말했습니다. 그는 시편을 베트남어로 노래할 수 있도록 한줄 한줄 정성껏 번역했습니다. 그는 벌레 먹은 한 권의 책을 책장에서 꺼내어 내게 주었는데, 그것은 자기가 가지고 있는 몇 권 남지 않은 책 중 하나였습니다.

쥐가 들끓고 온갖 질병들이 창궐하는 이 빈민가 한 가운데에서 살고 있는 한 지식인과의 만남은 나에게는 하나의 충격이었습니다. 그는 매일 저녁 8시에 예배드리는데, 베트남어로 시편을 노래한다고 했습니다. 저는 아내와 함께 몇 번 그 곳으로 돌아가서 그 빈민촌 사람들과 함께 그가 인도하는 예배를 드렸습니다. 그도 몇 번 내가 목회하던 작은 교회에 자전거를 타고 와서 내 설교를 들었습니다.

그는 나와 이야기 할 때마다 빌립보서 2:4-8을 인용했습니다. "우리는 그리스도의 마음을 가져야 합니다. 그분은 자기를 비워 종이 되셨습니다. 이것 말고는 이 황폐한 세상에서 아버지의 사랑을 보여줄 수 있는 방법이 없습니다!"

이전에도, 또 이후에도 나는 하나님의 사랑을 가지고 들어가서 이렇게 완전히 그 사람들과 하나가 되어 사는 사람을 만나보지 못했습니다. 그 빈민촌의 수백 명의 사람들은 그가 조달한 음식과 의약품으로 생존했을 뿐만 아니라, 살아계신 하나님을 만났고, 그분께 기도하고 경배를 드렸습니다. 그는 오직 그리스도만을 나타내려고 헌신한 사람이었습니다.

그 나라의 끝이 가까워지면서 우리는 베트남을 떠났고, 이어서 다른 동료 선교사들도 서둘러 그곳을 떠났습니다. 저는 베트콩이 들어오면 요주의 인물들을 학살할 것이라는 소식을 들었는데, 그 명단에는 그분의 이름도 들어 있었다고 했습니다.

'형제'는 어떻게 마지막을 맞이했을까? 가끔 생각이 납니다. 심한 고문을 당했는지, 교수형에 처해졌는지, 아니면 총살을 당했는지… '군인들이 들이닥쳤을 때 그는 여전히 우리가 같이 예배드리던 그 판자촌 예배당에 있었겠지. 죽어가면서도 그는 여전히 자기가 사랑했던 시편을 찬양했을까?'

언젠가는 천국에서 그를 만날 것입니다. 그 때는 그가 어떻게 죽었는지는 전혀 궁금하지 않을 것입니다. 사실 그는 처형당하기 훨씬 전에 이미 죽어 있었습니다. 그는 자신에 대해 이미 죽었고, 야망에 대해 죽었으며, 개인적 명성에 대해서도 이미 죽어 있었습니다. 그는 다만 그리스도와의 교제와 임재 속에서 살고 있었습니다. 바울과 같이 그도 이와 같이 기도할 수 있었습니다. **"그러나 내가 나의 달려갈 길을 다 달리고, 주 예수께 받은 사명, 곧 하나님의 은혜의 복음을 증언하는 일을 다하기만 하면, 나는 내 목숨이 조금도 아깝지 않습니다"**(사도행전 20:24).

저는 그 '형제'를 생각할 때마다 이렇게 기도합니다. "주님, 제 마음도 그의 마음처럼 되기를 원합니다. 꼭 빈민촌에 보내지는 않으시더라도 저에게 주시는 어떤 임무도 기꺼이 감당하도록 제 마음을 준비시켜 주옵소서." 나와 같이 이렇게 기도하지 않겠습니까? 하나님 나라의 **파이스**는 언젠가는 기탄없이 주님을 따를 신중한 결정을 하여야 합니다.

7주 4일 차에 나왔던 다음 얘기들을 기억합니까?

종의 일은 주인에게 순종하는 것이다.

종에게 공급하는 것은 주인의 의무이다.

따라서 종은 결코 염려할 필요가 없다!

❶ - 1 왜 하나님께서 아브라함을 가나안 땅으로 보내셨을까요?

❶ - 2 우리가 가져야 할 최상의 우선순위는 무엇입니까?

❷ - 1 사탄은 비신자에게 무엇을 합니까?

❷ - 2 위의 사실이 우리가 전도할 때 무엇을 가르쳐 줍니까?

❸ - 1 라일라의 어머니처럼 전도할 때 거부당했던 경험을 쓰십시오.

복습질문

❸-2 에스겔에서 '무너진 성벽 틈을 막아서는 것'은 현재 우리의 삶에서 무엇입니까?

❹-1 우리의 업적이나 성취(혹은 실패)때문에 부모에게 다른 대우를 받은 경험을 쓰십시오.

❹-2 하나님이 인간을 온전히 인정하시는 것을 믿지 못하는 사람에게 우리가 해야 할 일은 무엇입니까?

❺-1 '형제'가 빈민촌으로 간 이유는 무엇입니까?

❺-2 황폐한 세상에 아버지의 사랑을 보여줄 유일한 방법은 무엇입니까?

10주

"권세에 맞서기"

우리의 씨름

1일 어두움의 세력들

성경읽기: 에베소서 1:20-21; 6:10-18; 로마서 8:38-39

에베소서에서 바울은 그리스도께서 '하늘'에 계신 아버지의 오른편에 앉아 계신다고 합니다(1:20). 우리도 또한 거기에 앉아 있습니다(2:6). 이어서 바울은 악한 세력들이 '하늘'을 점령하고 있다고 이야기합니다(6:12). 여기서 이 두 '하늘'은 서로 다른 차원을 얘기합니다. 하나는 하나님이 다스리시는 완벽한 곳이고, 또 하나는 여전히 악한 세력이 점령하고 있는 곳입니다. 2주차 단원에서 우리는 그곳을 전쟁터라고 표현했습니다. 사도 바울은 그리스도께서 그 악한 세력보다 위대하다고 얘기합니다(1:21, 44쪽에 있는 표 참고).

에베소서 1:21에서 얘기하는 전쟁터에 있는 자들은 누구입니까?(해당되는 것에 ✓하세요)

☐ 모든 정권	☐ 모든 권세	☐ 모든 능력
☐ 모든 주권	☐ 모든 이름	☐ 모두 맞음

오늘 구절에서 바울은 다음의 세 영역에서 일어나는 사건들에 대해 가르칩니다. 하나님이 계시는 하늘, 여전히 영적 전쟁이 이루어지는 전쟁터인 하늘, 그리고 인간들이 사는 이 땅인 하늘입니다. 우리는 '씨름'하듯이 싸우고 있습니다.

에베소서 6:12에서 얘기하는 존재들 가운데 전쟁터에 있는 자들은 누구인가요?
(해당되는 것에 ✓하세요)

- ▧ 통치자들
- ▧ 권세자들
- ▧ 어두운 세계의 지배자들
- ▧ 하늘에 있는 악한 영들
- ▧ 모두 맞음

두 목록을 살펴보십시오. 우리가 그리스도와 함께 하늘에 앉아 있을 때 전쟁터에 있는 우리 대적들은 우리 아래에 있는 것입니다. 그리스도가 우리 안에 사시기 때문에, 우리는 결코 그들의 능력과 지배 아래 있지 않습니다.

에베소서 6:13에 따르면, 우리는 언제 이 대적들과 싸우게 됩니까?

"________ 한 ________ 에"

악한 날이란 괴로움과 고통이 우리를 공격하는 때를 얘기합니다. 이것들은 우리가 사는 세상에서 오는 것이 아니라 전쟁터인 하늘에 있는 악의 영들로부터 옵니다. 가난과 고통이 따를 것입니다. 우리가 이 땅에서 사는 한 '하나님 나라'에서 살더라도 이 악의 영들로부터 공격받을 것을 예상하십시오. 그럼 대적들은 대체 어떤 자들인지 살펴봅시다.

통치자들: 정치적 권력을 조종하는 영

권세자들: 세력을 가진 자들을 조종하는 영

어두운 세계의 지도자들: 세상의 지배자들을 조종하는 영

하늘에 있는 악한 영들: 타락하고 위험한 영적 존재들

이런 초자연적인 존재들뿐 아니라, 사탄은 16절에서 '악한 자'로 표현됩니다. 이렇게 사탄은 여러가지 다른 차원의 눈에 보이지 않는 권세들을 조종하고 있습니다. 눈에 보이지 않는 이런 힘들은 우리를 향해 쏘아대는 불화살같이 우리에게 괴로움과 상처를 줍니다.

분명히 기억해야 할 것은 여러분이 그리스도인이 되었다고 이런 권세로부터 해방된 것이 아니라는 사실입니다. 그래서 바울은 우리에게 갑옷, 곧 "하나님의 전신갑주"를 입으라고 합니다. 이 하나님의 전신갑주를 입고 있다면, 여러분은 **"마귀의 궤계를 능히 대적"**할 수 있을 것이며, 전쟁이 끝났을 때 승리자로 '모든 일을 끝낸 뒤에' 우뚝 설 수 있을 것입니다.

나쁜 소식과 좋은 소식

성경은 우리가 이 세상에서 사는 한 비록 하나님 나라에서 산다고 하더라도 고통이 있을 거라고 경고하고 있습니다. 베드로는 **"사랑하는 여러분, 여러분을 시험하려고 시련의 불길이 여러분 가운데 일어나더라도, 무슨 이상한 일이나 생긴 것처럼 놀라지 마십시오. 그만큼 여러분은 그리스도의 고난에 동참하는 것이니, 기뻐하십시오. 그러면 그의 영광이 나타날 때에 여러분은 또한 기뻐 뛰며**

즐거워하게 될 것입니다"(베드로전서 4:12-13)고 말했습니다. 고통을 당한다는 것 자체는 **나쁜** 소식입니다.

하지만 **좋은 소식**은 사탄과 악의 영들은 하늘의 권세 아래 있으며, 우리는 성령님의 보호하심 아래 있다는 것입니다.

아래의 구절에서, 우리를 하나님의 사랑에서 끊을 만큼 강력하다고 느끼는 것에 밑줄을 그어 보십시오.

"나는 확신합니다. 죽음도, 삶도, 천사들도, 권세자들도, 현재 일도, 장래 일도, 능력도, 높음도, 깊음도, 그 밖에 어떤 피조물도, 우리를 우리 주 예수 그리스도 안에 있는 하나님의 사랑에서 끊을 수 없습니다"(로마서8:38-39).

오늘 공부의 요점입니다

1. 우리는 그리스도와 함께 그분이 계신 하늘에 있지만, 몸은 여전히 이 땅에서 살고 있다.
2. 또 다른 하늘인 전쟁터에는 우리를 공격하고 파멸시키려는 악한 영들이 존재하고 있다.
3. 에베소서 6:13에 의하면 '악한 날'에 사탄은 선전포고 없이 우리를 공격한다.

❹ 사탄이 언제 공격할지 모르기 때문에 우리는 항상 준비되어 있어야 한다. 그럴 때 사탄의 기습 공격은 힘을 잃는다.

❺ 우리는 마귀의 궤계를 대적하기 위한 하나님의 전신갑주와 무기를 가지고 있다.

이번 주의 나머지 시간에는 우리가 가지고 있는 이 전신갑주와 무기에 대해 공부하겠습니다. 이것은 특별한 때에만 걸치는 것이 아니라 매일 무장해야 되는 것입니다!

2일 그리스도인의 군대여, 전진하라!

성경읽기: 에베소서 3:10-11

보초를 서고있는 파수꾼처럼 우리는 항상 영적 전쟁을 대비하고 있어야 합니다. 우리에게 상처를 주는 많은 일들의 배후에는 악마 원수들이 있기 때문입니다. 매일 '경청의 방'을 나설 때마다 의식적으로 하나님의 전신갑주를 입으십시오. 전투를 할 준비를 갖추십시오. 하지만, 갑옷을 입는 것보다 먼저 생각해 보아야 할 일들이 있습니다. 몇가지 중요한 점들을 살펴봅니다.

전쟁은 한 병사가 아닌 군대가 하는 것이다

에베소서 6:10-18을 천천히 읽으십시오. '우리', '여러분' 등 여기에 나오는 대명사는 모두 복수입니다. 즉 바울은 개개인이 아닌 공동체를 향해서 쓰고 있습니다. 전쟁에서는 병사 혼자서 진격하지 않습니다. 영적 전쟁도 마찬가지로 그리스도인들이 함께 힘을 합쳐 싸우는 전쟁입니다.

실제 전쟁의 상황을 생각해 봅시다. 병사들은 개인적으로 훈련을 받지 않고 함께 훈련을 받습니다. 고지에 오를 때나 참호를 팔 때에도 그룹으로 조직되어 임무를 수행합니다. 사탄은 어떨까요? 44쪽에 있는 사탄의 목록을 보십시오. 모두 복수인 것을 봅니까? 사탄도 그룹으로 세력을 형성하고 있습니다. 따라서 **하나님의 군대도 그룹으로 조직되어서 전쟁에 참여해야 합니다!**

아래 에베소서 3:10-11을 주의하여 읽으십시오. 하나님이 사탄의 군대에게 그분의 지혜를 나타내시는 방법을 설명하는 단어에 밑줄을 그으십시오.

"그것은 이제 교회를 통하여 하늘에 있는 통치자들과 권세자들에게 하나님의 갖가지 지혜를 알리시려는 것입니다. 이 일은, 하나님께서 우리 주 그리스도 예수 안에서 성취하신 영원한 뜻을 따른 것입니다."

교회에 밑줄을 그으셨습니까? 정답입니다. 그런데 여러분은 교회라는 단어가 단수가 아니고 복수라는 것을 알고 계십니까? 성경은 언제나 우리 각 개인에게 얘기하지 않고 공동체에게 얘기하고 있습니다. 그렇기 때문에, 그리스도 안에서의 삶에서 목장모임에 참석하는 것은 가장 중요한 일 가운데 하나가 되어야 합니다. **"하나님의 갖가지 지혜"**가 어떻게 사탄의 일당들에게 알려지는지 생각해 봅시다.

누가 당신의 목장모임에 참석하고 있습니까?

물론 참석하는 사람들의 이름을 댈 수 있을 것입니다. 그러나 거기서 멈추지 마십시오! 성령께서 함께 하고 계신다는 것을 기억하는 것이 중요합니다. 찬양의 시간에 이 사실을 느낄 수 있어야 합니다. 그리고 나눔의 시간에 우리는 서로를 세워줄 수 있어야 합니다(오이코도메오). 단순히 사람의 말로만 하지 마십시오. 강한 영적인 통찰력이 아버지로부터 당신의 마음에 흐르며, 당신은 힘들어 하는 목장식구를 격려할 수 있습니다. 기도의 시간에는 아픈 사람을 위해서 함께 기도할 수 있습니다. 목장식구들이 다함께 아픈 마음으로 손을 얹고 함께 기도할 때, 병고침이 일어난다는 느낌을 다 함께 받을 것입니다. 최근에 참석하기 시작한 VIP 하나가 조용히 말합니다. "오늘 나는 고백할 것이 하나 있습니다. 저에게는 나쁜 습관이 하나 있습니다. 내가 이것을 어떻게 버릴 수 있는지 좀 도와주세요."

누가 또 참여합니까?

영적인 존재들이 함께 모인다는 것을 기억하시기 바랍니다. 시편 91:11과 히브리서 12:22-23을 읽으십시오. 우리의 모임에는 천사들이 참석합니다. 그들이 보이지는 않지만 여러분과 함께 있습니다.

마지막으로, 그러나 중요한 것은…

하지만, 한 순간도 하나님 나라 모임에 사탄이 없을 것이라고 생각하지 마십시오! **악한 영**들도 여러분들이 모일 때 근처에 있습니다. 그들은 우는 사자같이 두루 다니며 삼킬 자를 찾는 사탄의 부하들입니다. 아마도 하나가 아니고 여럿이 거기 있을 것입니다. '통치자들과 하늘에 있는 권세자들'은 조금의 틈만 있어도 여러분을 속이려고 할 것입니다.

그러나 우리가 깨어 있다면 목장에서는 아주 특별한 일이 일어날 수 있습니다. 성령의 임재하심에 따라 은사가 우리 가운데 흐를 때, 하나님의 '갖가지' 지혜가 전쟁터로부터 내려와 목장모임 가운데 숨어있는 통치자들과 권세자들에게 알려집니다. 당신이 가진 성령의 은사는 하나님께서 자녀를 보호하시겠다는 약속, 즉 하늘의 무지개와 같은 것입니다. 눈부시게 밝은 하나님의 빛이 어두움을 비췰 때 우리를 공격하려고 숨어 들어온 악한 영들은 고통스럽게 비명을 지릅니다.

만약 여러분이 목장모임에 오랫동안 참석해 왔다면, 제가 수 년동안 경험한 이런 것을 여러분도 경험했을 것입니다. 모임이 끝나 가면 마음이 가벼워지고, 안심이 되고, 기쁜 감정을 모두 느낍니다. 우리 목장모임은 대개 서로 포옹하면서 끝납니다. 식구들이 돌아간 뒤에는 찬양을 부르며 아내를 도와 뒷정리를 한 기억이 아주 많습니다.

그리스도 예수를 통해 하나님이 우리 안에 이루신 일로 인하여 악한 영들이 도망갈 때 이런 일이 생깁니다. 악마들은 단지 우리가 '부르심을 입은 자들', 즉 교회라는 이유 때문에 도망갈 수 밖에 없습니다.

당신도 이 진리를 볼 수 있기를 기원합니다. 삶이 바뀝니다. 전쟁은 군대가 수행하며, 당신의 목장이 부대입니다!

3일 전쟁을 수행하기

성경읽기: 에베소서 6:10-18

하나님의 무기는 우리를 보호하기 위함입니다

에베소서 6:14-17에서 바울은 1세기 로마 군인들이 전투에 나갈 때 입는 갑옷을 묘사하고 있습니다. 우리의 적들은 악한 영적 존재이기에 우리도 영적인 갑옷을 입어야 합니다. 로마서 13:12에서 바울은 그것을 '빛의 갑옷'이라고 부릅니다. 이 갑옷은 하나님이 주시는 것이기에 원수들은 가질 수 없습니다. 사탄의 무기에는 이런 것들이 없습니다. 더구나, 사탄은 우리가 입은 갑옷을 뚫을 수 있는 무기가 없습니다. 그래서 우리는 안전합니다!

에베소서 6:14-17에서, 우리는 갑옷을 어디에 입습니까? 왼쪽에 있는 갑옷과 오른쪽에 있는 신체부위를 연결하십시오.

진리의 허리띠 •	• 발
정의의 가슴막이 •	• 머리
평화의 복음 •	• 등
믿음의 방패 •	• 허리
구원의 투구 •	• 팔/손
	• 가슴

신체 부위 중 갑옷이 보호하지 않는 부위가 있다는 것을 발견했습니까? 그렇습니다. 등을 보호하는 것은 없습니다. 왜냐하면, 군사는 적에게 결코 등을 보이지 않기 때문입니다. 에베소서 6:18은 "늘 깨어서"라고 말합니다. 우리는 어두운 세력들과 맞서며 그리스도께서 십자가에서 피로 사신 지역을 사수하고 있습니다. 예수께서 "다 이루었다"(요한복음 19:30)라고 큰 소리로 말씀하셨을 때 우리의 승리는 이미 보장된 것입니다. 아브라함 퀴퍼는 "우리의 삶 가운데 그리스도께서 '내 것이다'라고 말씀하시지 않는 영역은 한 군데도 없다."라고 썼습니다.

전신갑주를 다시 살펴봅시다. 우리가 입는 하나님의 갑주가 바로 그리스도 그분 자신이라는 것을 아시겠습니까? 예수님께서 "나는 **진리**이다"라고 하신 것을 기억하시나요? 그분만이 우리의 **정의**이십니다. 그분만이 "모든 담을 허신" 우리의 **화평**(평화)이십니다. 그분만이 지속되는 우리의 **구원**의 원천이십니다. 우리는 하나님의 아들을 믿는 **믿음**을 갖고 있습니다(갈라디아서 2:20). 우리의 보호 장비는 뚫릴 수가 없습니다. 우리를 전쟁에 보내시는 그분께서 우리의 보호가 되시기 때문입니다.

누가복음 10장에서 예수께서 제자들을 둘씩 보내셨습니다. 그들은 전쟁을 하러 나갔던 것입니다. **그들이 간 궁극적인 목적은 잃어버린 사람들을 예수님께로 인도하는 것입니다.** 그러므로 예수께서는 제자들을 보내시어 베레아(지금의 요르단)지방에 하나님의 나라가 가까이 왔다고 선포하게 하신 것입니다. 3절에서 "내가 너희를 보내는 것이 양을 이리 가운데로 보내는 것과 같다"라고 하신 것이 흥미롭습니다. 양은 자신을 보호하지 못한다는 것을 기억하시기 바랍니다. 이빨이나 발톱도 없습니다.

불안하신가요? 하지만 양들은 목자가 그들을 보호해 줄 것을 압니다. 우리도 또한 전쟁을 할 때, 예수님께서 우리 안에 계실뿐만 아니라 우리를 보호하고 계신다는 것을 알아야 합니다. 그분은 우리 안에 계시며 우리의 갑옷이십니다. 그분은 결코 우리를 떠나거나 버리지 않겠다고 약속하셨습니다.

우리의 무기는 쳐부수기 위함입니다

사탄의 군대와 싸울 때 사용하는 우리의 주요 무기는 **'성령의 검, 곧 하나님의 말씀'**입니다. 여기서 하나님의 말씀이란 일차적으로 기록된 하나님의 말씀인 모든 성경말씀을 뜻하지만, 특정한 상황에서 성령님께서 주시는 영감도 포함될 수 있습니다. 군대의 장교는 전술학 교범을 공부합니다.

그러나 전투 중에는 전술학 교범을 참고하는 동시에 상관의 명령을 종합해서 결정을 내려야 합니다.

영적 전쟁도 같은 이치입니다. 우리가 사탄의 나라에 들어가서 불신자를 구출하고 그들을 그리스도께로 인도하기 위해서는, 성경말씀과 더불어 성령님께서 직접 하시는 말씀에 민감해야 합니다. 하나님의 말씀의 능력은 놀랍습니다.

언젠가 제가 그리스도께로 인도하려고 애썼던 한 대학생이 생각납니다. 그는 저에게 말했습니다. "성경에 대해 말씀하지 마세요! 나는 성경을 믿지 않으니까요." 사탄의 속임수가 그의 마음의 눈을 멀게 한 것이지요. 하지만, 그가 이해하지 못했던 것은 하나님의 말씀은 그가 믿든 안 믿든 능력이 있다는 것이었습니다. 나는 이야기하면서 성경말씀을 계속 인용했습니다. 요한복음 3:16을 인용했을 때, 성령께서 그를 움직이기 시작했습니다. 그가 말했습니다. "하나님이 나를 사랑하신다는 것을 믿기 어렵습니다. 그분이 그렇게 사랑이 많으신 동시에 전능하시다면 왜 세상이 이렇게 엉망입니까?" 이런 질문을 한다는 것은 그가 진리를 찾고 있기 때문입니다. 이제 그의 어두운 영혼에 빛이 비치기 시작한 것입니다. 사탄의 무리들이 고통 가운데 신음하는 것을 느낄 수 있었습니다. 성경을 몇 시간 동안 인용하고 나서 그가 그리스도를 영접하는 기도를 하게 도울 수 있었습니다. 그가 '믿지 않았던' 바로 그 하나님의 말씀이 그의 어두움을 뚫은 검이었습니다.

바울은 말합니다. **"온갖 기도와 간구로 언제나 성령 안에서 기도하십시오."** 성령 안에서 하는 기도는 무기가 아니라 전투 그 자체입니다. 갑옷과 검도 있어야 하지만, 전투에는 기도가 있어야 합니다. 우리가 영적인 여정에서 갖는 '경청의 방'이 믿음생활에서 중요한 이유입니다. 에베소서 6:18에 밑줄을 치십시오. **"이것을 위하여 늘 깨어서 끝까지 참으면서 모든 성도를 위하여 간구하십시오."**

"성령 안에서 기도한다"는 것이 무슨 의미인지 생각해 보십시오. 성령 안에 있지 않을 때 우리가 어떻게 기도하는지 이미 경험하셨을 것입니다. 이런 기도는 메마르고 종교적 습관에 의한 것이어서 따분하고 피곤합니다. 그러나 우리가 전쟁을 하고 있다는 것을 안다면, 우리의 기도는 결코 이와 같지 않을 것입니다. "무너진 성의 틈에 서서"(228쪽을 보세요) 성령 안에서 기도하게 될 것입니다. 그럴 때 하나님께서는 여러분에게 성령의 은사를 주셔서 더욱더 능력 있는 기도를 하게 도우실 것입니다. 그런 은사를 주실 때 여러분은 놀라실 것입니다.

지금 '경청의 방'으로 가십시오!

4일 세가지 차원의 전쟁

성경읽기: 고린도후서 10:3-5; 마태복음 16:18-19

오늘 성경구절에 따르면 우리가 싸우는 싸움은 이 세상에 속한 것이 아니며, 우리가 쓰는 무기 역시 초자연적인 것들이라는 것을 확실히 알 수 있습니다. 고린도후서 10:3-5, 9에 나오는 단어들은 그 의미를 정확히 알 필요가 있습니다. 성경의 여백에 이 낱말들에 대해 노트를 해도 좋습니다.

4절에 나오는 '견고한 진'이란 사탄이 숨어있는 두꺼운 벽으로 지어진 '요새'를 뜻합니다. 우리 안에 있는 하나님의 능력이 이 악한 방벽을 깨뜨릴 수 있는 무기입니다.

5절에 나오는 '궤변'은 '상상'이나 '공리공론'을 말합니다. 이것은 하나님을 떠나서 행하는 명상과 관련이 있습니다. '교만'이란 단어는 헬라어로 '높은 탑'을 뜻합니다. 어떤 학자는 이것이 옛날에 사람들이 하늘에 닿아 보겠다고 쌓은 바벨탑을 뜻한다고 합니다.

지금 하나님의 나라는 우리 안에 있습니다. 그리고 우리는 지속적인 영적 전쟁터에서 살고 있습니다. 예수께서 마태복음 16:18-19에서 교회를 처음 거론하셨을 때, **'죽음의 문들'**(the gates of hell)과 함께 교회를 언급하신 것이 흥미롭지 않습니까? 교회와 전쟁은 떼려야 뗄 수 없는 상황이라는 말씀입니다. 하지만 동시에 우리가 이곳에서 묶고 푸는 것은 하늘에서도 묶이고 풀린다는 것, 즉 우리에게 승리를 약속하셨습니다!

자, 그렇다면 우리가 이 땅에서 피할 수 없는 싸움이 어떤 것이 있는지 살펴봅시다. 피터 와그너 박사는 『전장에서의 기도』(In Warfare Prayer)라는 그의 책에서 세 가지 다른 차원의 영적전쟁을 이야기합니다.

❶ 기초적 차원의 영적전쟁 (Ground-level spiritual warfare)

이것은 개인에게 역사하는 악한 영을 대적하는 차원의 싸움입니다. 제가 있던 싱가포르에서는 이런 문제로 고통받는 사람들을 자주 만났습니다. 오직 신자들만이 이런 압제에 시달리는 사람들을 자유케 할 수 있는 권세와 능력이 있습니다. 이런 악한 영에 묶여있는 사람들을 해방시키는 것이 그리스도의 몸인 교회가 계속해야 할 사역입니다. 귀신 들리는 것이 할리우드 영화에서나 나오는 것이라고 생각하지 마십시오. 텍사스주 휴스턴에서 처음으로 나는 성령 충만한 기독교인 정신과 의사가 함께 있는 자리에서 한 귀신 들린 여인을 대상으로 귀신 쫓는 사역을 했습니다. 그 정신과 의사는 이것이 단순한 정신병이 아니고 귀신 들림의 문제라고 느꼈기 때문에 그녀를 나에게 데리고 온 것이었습니다.

❷ 주술적(巫俗) 차원의 영적전쟁 (Occult-level spiritual warfare)

이것은 이교에 붙어서 역사하는 악한 영을 상대하는 싸움입니다. 온 세상에 걸쳐 예외 없이 사탄은 수많은 사람들을 무속신앙을 통해 조종하고 있습니다. 아프리카에서는 여인들이 임신하려고 염소의 피를 마시며, 아이들에게 악마를 경배하도록 가르칩니다. 브라질에서 저는 악마에게 제물로 바치기 위해 부모들이 자식의 다리를 자르는 것을 보았습니다. 싱가포르에서는 귀신 들린 사람들이 도교 제사장의 피를 받아 마시는 것을 보았습니다.

미국에서 통일교나 뉴에이지 전도자들에게 세뇌 교육을 받은 사람들을 대상으로 사역한 적이 있습니다. 제가 한 크리스천 학교에서 가르칠 때 사우스 캐롤라이나주에서 온 한 학생이 도움을 청했습니다. 그는 14세 때부터 사탄에게 동물을 제물로 드리는 제사를 지내고 있었습니다. 여러분이 하나님 나라에서 사역할 때, 때때로 이런 부류의 싸움을 싸워야 할 때가 있을 것입니다. 당신이 전투 경험이 없는 '군인'이라면, 이런 사람을 만날 때 도망치지 말고 교회에 있는 사역자들에게 도움을 청하십시오. 그들은 반드시 해방되어야 합니다.

❸ 전략적 차원의 영적전쟁 (Strategic-level spiritual warfare)

'지역을 다스리는 악한 영'에 대항하여 기도로 싸워야 할 필요가 있음을 인식한 와그너 박사가 사용한 용어입니다. 바울은 **"우리의 싸움은 인간을 적대자로 상대하는 것이 아니라, 통치자들과 권세자들과 이 어두운 세계의 지배자들과 하늘에 있는 악한 영들을 상대로 하는 것"**(에베소서 6:12)이라고 합니다. 여기서 '통치자들과 권세자들, 어두운 세계의 지배자들'이라는 표현은 사탄도 세력을 형성하고 있으며, 그 중의 일부는 어떤 지역이나 그룹의 사람들 혹은 특정한 죄를 지배하는 한 영적 세력을 의미하는 것일 수 있다는 생각을 하게 합니다. 53쪽에서 '전쟁터'에서 일어나는 전투의 예로 다니엘 10:12-13을 살펴보았던 것을 상기해 보기 바랍니다. 우리가 조금만 민감하다면 특정 지역을 지배하는 악한 영을 느낄 수 있습니다.

예를 들어, 싱가포르에는 '기아수'라는 중국말이 국민정신을 나타내는 말로 자주 쓰입니다. 그 이름을 딴 만화도 있습니다. 그 단어의 뜻은 "나를 위하여! 내가 원하는 모든 것을 위하여!"입니다. 이것은 자신의 영광만을 위한, 매우 악한 욕망입니다. 이 나라를 위해 기도할 때, 우리는 이 '기아수'가 이 나라 전체를 덮고 있는 악령의 이름이라는 것을 알았습니다.

암스테르담에는 오천 명의 매춘부들이 상점 진열장에 앉아 있습니다. 방콕에는 그보다 몇 배의 매춘부들이 있는데, 그들 대부분은 부모들에 의해 팔려온 사춘기 소녀들입니다. 이 두 도시를 지배하고 있는 어두움의 세력은 매춘입니다.

미국에도 지역마다 다른 종류의 악령들이 그 지역을 지배한다고 생각됩니다. 샌프란시스코의 악령은 동성연애이고, 뉴올리온즈의 악령은 춤추고 술 마시는 향락입니다. 워싱턴 D.C의 악령은 권력욕일지 모르겠습니다.

우리가 무엇을 해야 하겠습니까? 로져 포스터와 동역자들은 런던에서 '예수 행진'이라는 단체를 조직하여 예수께서 사탄의 땅을 정복하러 오셨다는 것을 악령들에게 선포했습니다. 싱가포르의 한 교회는 셀 그룹별로 철야기도를 갖고, 때로는 동네를 조용히, 그러나 힘있게 걸으면서 그곳의 악령을 향해 기도합니다. 어느 지역이나 그곳을 지배하는 악한 영의 권세가 있음을 느낄 수 있습니다.

당신의 신앙 생활에도 이런 세 가지 차원의 싸움이 있어야 합니다. 때로는 목장 식구들과 함께 이것을 위해 기도하십시오. 우리 안에 존재하고 있는 견고한 진의 목록을 위해 함께 기도하는 것이 중요합니다(33-34쪽을 보십시오). 또는 지역의 영과 싸우며 함께 동네를 걷거나 차를 타고 가면서 이웃을 위해 기도할 때, 성령의 열매가 맺힐 것입니다.

어떤 문화에나 우리 자신이 보지 못하는 악령과 악습이 많습니다. 이런 문화는 사탄과 악령에 깊이 침투당한 것입니다. 이런 문제의 해결이 그리스도인들에게 가장 어려운 일 중의 하나입니다. 중국 속담에 이런 말이 있습니다. "물이 어떤지 고기에게 묻지 말라." 이런 이유로 영적으로 깨어있는 사람들의 지혜가 옛날 이스라엘 시대만큼 오늘날에도 중요합니다.

당신은 개인적인 존귀함을 얻기 위해 무엇을 합니까? 당신은 누구를 감동시키려고 합니까? 우리가 입는 것과, 사는 집과, 타는 차와 일하는 태도는 우리 주위에 있는 사탄과 악령의 영향을 깊이 받고 있습니다. 우리 자신과 우리가 하는 많은 것이 공중의 권세 잡은 자의 결과라는 것을 깨달을 때, 우리는 변할 수 있습니다.

이런 생각들을 가지고 '경청의 방'으로 가십시오. 그곳에서 무엇을 듣나요?

5일 전진하는 삶을 살기

성경읽기: 골로새서 2:15; 베드로전서 3:22

'창끝'이라는 영화로 소개되었던 에콰도르에서 순교한 다섯명의 선교사들의 이야기를 아시나요? 그 중에 한 사람인 네이트 세인트는 내가 십대였을 때, 인디아나주 포트웨인으로 이사와서 우리 교회에 출석하기 시작했습니다. 그는 2인승 경비행기를 가지고 있었는데 저에게 비행기 운전법을 가르쳐 주었습니다. 그 후 그는 우리교회에서 제일 예쁜 여성과 데이트를 하다 헤어졌는데, 그 이유는 그녀가 선교사의 아내로 부르심을 받지 않았다고 느꼈기 때문이었습니다.

또 다른 두 명인 짐 엘리엇과 에드 맥컬리는 제가 시카고 위튼 대학으로 진학했을 때 거기서 만났습니다. 짐은 제가 이제껏 만나 본 사람 가운데 가장 성령 충만한 사람이었으며 졸업할 때 저에게 영원히 기억될 깊은 인상을 남겼습니다. 에드는 뛰어난 미식축구 선수였고, 멋진 새 차를 몰고 다닌 거의 유일한 학생이었기에 기억합니다. 네이트 세인트도 그때 공군 복무를 마치고 돌아왔습니다.

이들은 피트 플레밍과 로저 유데리안과 함께 아우카(Auca) 인디안 족속에게 복음을 전하기 위해 에콰도르로 갔습니다. 아우카 족속은 당시 가장 폭력적인 인

종으로 철저하게 고립되어 살아가고 있었으며, 그들의 영역으로 들어간 외부인은 누구도 살아남지 못했습니다. 복음을 접한 적은 당연히 없었지요.

네이트가 조종하는 비행기에서 로프에 묶인 통을 통해 여러 번 선물을 떨어뜨려 준 후에 그들은 드디어 커라레이 강의 모래사장에 내렸습니다. 그들이 사랑과 우정의 선물을 가지고 아우카 족에게 갔지만 모두 죽임을 당했습니다. 강에 던져진 그들의 시체는 피라냐의 밥이 되었고 젊고 아름다운 그들의 아내들은 과부가 되고 말았습니다.

당시 저는 워싱턴 D.C. 근처에 있는 작은 교회에서 목회를 하고 있었는데, 병원에 심방을 다녀오는 길에 차에서 라디오 뉴스를 통해 그 소식을 들었습니다. 나는 너무 놀라서 차를 길 가에 세우고 울고 또 울었습니다. 집에 도착하니 제 아내인 룻도 울고 있었습니다. 우리는 결혼하기 전에 네이트와 그의 아내인 마지와 함께 데이트를 하곤 했었습니다. 이 모든 것이 믿어지지 않았습니다.

이 비극적인 사건으로 말미암아 우리의 삶은 영원히 변했습니다. 그때까지만 해도 저는 빌리 그래함 목사를 도와 몇 년을 일했고, 살기 좋은 교외에서 교회를 개척하여 목회를 즐기고 있었습니다. 하나님은 우리 두 사람을 선교사역으로 부르셨지만, 그분께서 맡기신 임무에 마음을 닫고 있었습니다.

우리가 선교 사역을 준비하고 있는 동안, 순교한 다섯 선교사의 아내들은 아우카 족속에게 복음을 전하는 사역을 자신들이 완수하기로 결정했습니다. 작은 금발의 딸을 데리고 두 명의 과부는 그 지역에 들어가서 남편들을 살해한 그 사람들과 함께 살면서 그 부족이 모두 구원을 받을 때까지 그 곳에 머물러 있었습니다. 엘리자베스 엘리엇은 남편 짐을 살해한 사람을 미국으로 데리고 와서 그를 하나님 나라로 인도하신 하나님의 은혜를 간증하게 했습니다.

우리가 대학을 졸업할 때 짐 엘리엇은 졸업앨범의 자기 사진 옆에 이런 글을 남겼습니다. **"절대 놓칠 수 없는 어떤 것을 얻기 위하여 절대 간직할 수 없는 것을 포기할 줄 아는 사람은 어리석은 사람이 아니다."** 영어의 '순교자'라는 단어가 헬라어의 '증인'에서 파생되었다는 것을 아십니까? 전도하며 권세에 대항할 때 비싼 대가를 치를 수 있다는 것을 알아야 합니다. 하나님 나라에는 수많은 증인과 순교자들이 있습니다. 이제 이 삶 공부가 끝나가면서 우리는 하나님 나라에서의 삶에 대한 결정을 내려야 합니다. 발을 땅에다 붙인 채 "이제 할 만큼 했다!"고 말할 수는 없습니다. 우리의 여정에는 종착역이 없습니다. 여정은 영원히 지속됩니다.

"그리고 모든 통치자들과 권력자들의 무장을 해제시키시고, 그들을 그리스도의 개선 행진에 포로로 내세우셔서, 뭇 사람의 구경거리로 삼으셨습니다"(골로새서2:15).

골로새서 2:15을 묵상하십시오. 오랜 세월동안 아우카 인디언을 지배했던 '통치자들과 권력자들의 무장을 해제'시키려고 선교사 부부의 삶을 성령께서 사용하신 방법에 대해 당신의 생각을 아래에 적으십시오.

하늘나라에 사는 사람들은 죽음을 두려워할 필요가 없습니다. 예수께서 십자가에 달리셨을 때 사탄은 자기가 승리한 줄 알았습니다. 사탄은 자신을 패배시

킨 하나님의 방법을 전혀 깨닫지 못했습니다. 사망은 우리를 찌를 수 없습니다. 우리는 이땅에서 살고 있지만 천국을 바라보고 기뻐합니다. 비신자들에게 사망은 비극이지만, 우리에게는 '유익'입니다(빌립보서 1:21). 죽음에 대한 두려움은 크리스천이 가장 버려야할 것이고, 우리는 사고의 전환이 필요합니다 우리에게 사망은 독침이 없으며 사망은 우리를 이기지 못합니다(고린도전서 15:55).

"그리스도께서는 하늘로 가셔서 하나님의 오른쪽에 계시니, **천사들과 권세들과 능력들**이 그에게 복종"한다고 베드로전서 3:22에서 말하고 있습니다. 에콰도르에서 순교한 다섯 선교사는 아우카 인디언을 그리스도로 인도한 마지막 전투의 승리를 지금 경축하고 있습니다. 그들은 하늘에서 그리스도와 함께 앉아 있습니다. 우리도 곧 그 곳에 앉아 있을 것입니다!

그림을 보면서 고린도전서 2:6-9을 읽으십시오.

복습질문

❶ - 1 사탄은 우리를 어떻게 공격합니까?

❶ - 2 나쁜 소식과 좋은 소식을 간단히 써보십시오.

❷ - 1 누가 목장에 참석하는지 쓰십시오.

❷ - 2 목장 모임에서 악한 영들을 어떻게 물리칩니까?

❸ - 1 전신갑주를 써보십시오. 한마디로 얘기하면 전신갑주는?

복습질문

❸ - 2 전신갑주 중에 유일한 무기는 무엇입니까?

❹ - 1 한국에서 주술적 차원의 영적전쟁의 예로 무엇이 있을까요?

❹ - 2 한국에서 전략적 차원의 영적전쟁의 예로 무엇이 있을까요?

❺ - 1 짐 엘리엇이 지불한 대가는 무엇인가요?

❺ - 2 짐 엘리엇이 얻으려고 한 것은 무엇인가요?

11주

"계속되는 여정"

1일 사실 우리도 목회자입니다

성경읽기: 고린도전서 12:1-12; 사도행전 2:44-47; 에베소서 4:7-16, 29, 32

어떤 할머니가 아버지가 목사인 어린 자기 손자에게 물었습니다. "너는 커서 무엇이 되고 싶어?" 손자가 대답했습니다. "저는 아빠처럼 설교하는 사람이 될 거에요, 할머니. 아직 설교는 못하지만 꼭 그렇게 되고 싶어요."

목회자(minister)로 부름받는다는 것은 이런 것이라고 생각하십니까? '목회자'라는 말을 들으면 어떤 이미지가 떠오릅니까? 아래에 써보세요.

대개 교회의 지도자들을 '목사'(pastor)라고 부릅니다. 전통적으로는 그들을 목회자라고 불렀고, 때로는 '성직자'라고도 불렀습니다(그래서 우리는 목회자라고 하면 자동적으로 신학을 공부하고 교회에서 설교하는 목사님들을 생각하지만 사실은 크리스천이면 모두 목회자라 고 볼 수 있습니다. 역자주). 특별히 21세기에 와서 성령님은 교회는 특별한 사람인 '성직자'(clergy)와 나머지 대부분의 '평신도'로 이루어져 있다고 믿게 해 온 사탄의 오랜 속임수를 부수고 계십니다. 사실 목회에 있어서 성직자와 평신도를 구별해서는 안 됩니다.

1세기에 처음 교회가 생기고 몇 주 동안에는 3천 명이 넘는 신자들이 성전뜰에 모여 사도들의 가르침을 들었습니다. 그러나 동시에 사도들은 집집마다 돌아다니며 애찬을 나누고 중보기도를 통해 성도들을 세우는 사역을 했습니다. 즉 예수님의 제자들은 성도들을 준비시켜서 그들이 봉사의 일(봉사의 일은 목회(ministry)라고 번역할 수 있습니다. 역자주)을 하도록 인도하는 데 힘썼습니다(그렇기 때문에, 목회(ministry)는 엄밀하게 말하면 모든 성도들에게 주어진 사역을 말합니다. 역자 주). 그런데 사탄은 성직자-평신도 구분을 천천히 교회에 주입시켰고, 그 구분은 크리스천들을 구경꾼으로 만들었습니다. 사탄은 천천히 교회의 사역을 불구로 만들었습니다.

그 후, 수 세기 동안 누구도 이 문제를 심각하게 생각하지 않았고, 교회의 역동성은 무너져 버리고 말았습니다. 마틴 루터(AD 1517) 시대에 성직자/평신도 구분을 거부하는 그룹이 생겨나기 시작했습니다. 하지만 즉각적으로 이 사람들은 위험하다고 간주되었고, 죽임을 당한 사람들도 있고, 감옥에 갇힌 사람들도 있고, 다른 나라로 도망치기도 했습니다.

감리교단의 창시자인 요한 웨슬리도 이 문제를 직시한 사람이었습니다. 그는 열정적인 설교자였지만, 교회 사역의 주체가 성도가 되어야지 그렇지 않으면 하나님의 사역에 진전이 없을 것이라는 것을 알았습니다. 그래서 그는 '속회'라는 소그룹을 조직하고 평신도 리더들이 사역을 하도록 했는데, 이 속회는 감리교가 온 영국으로 퍼져나가도록 한 강력한 사역 방법이었습니다.

성경은 하나님이 교회에 지도자를 주셨다는 것을 명백히 가르칩니다. **"그분이 어떤 사람은 사도로, 어떤 사람은 예언자로, 어떤 사람은 복음 전도자로, 또 어떤 사람은 목사와 교사로 삼으셨습니다"**(에베소서 4:11). 하지만 이런 지도자들을 부르신 목적이 교회의 모든 사역을 도맡아 하라는 것이 아닙니다. 이 세상의 필요가 너무 다급하기에 소수의 특정인이 다 할 수 없습니다. 대신 에베소서는 이어서 이렇게 말합니다. **"그것은 성도들을 준비시켜서, 봉사의 일을 하게 하고, 그리스도의 몸을 세우게 하려고 하는 것입니다"**(에베소서 4:12). 즉, 지도자들은 모든 성도들을 준비시키는 것이며, 그 준비된 성도들이 봉사의 일, 즉 목회를 하는 것입니다. 하나님은 코치처럼 성도들이 목회의 일을 하도록 훈련시키기 위해서 지도자들을 교회에 주신 것입니다.

당신이 목장모임을 오래 다녔다면 하나님이 목장 식구들을 통해서 사역하시는 것을 많이 봤을 것입니다. 이것이 바울이 고린도전서 12:4-6에서 얘기하는 것입니다. **"은사는 여러 가지지만, 그것을 주시는 분은 같은 성령이십니다. 섬기는 일은 여러 가지지만, 섬김을 받으시는 분은 같은 주님이십니다. 일의 성과는 여러 가지지만, 모든 사람에게서 모든 일을 하시는 분은 같은 하나님이십니다."**

고린도전서 12:7-11을 다시 읽고 당신의 목장을 생각하십시오. 여기 나오는 은사 중에 당신 목장에서 어떤 은사를 봅니까?

하나님은 다른 사람을 섬기도록 당신을 어떤 특별한 방법으로 사용하십니까?(해당되는 것에 ✓하세요)

- ▧ 당신의 간증을 나눔
- ▧ 실망한 친구를 격려함
- ▧ 섬김
- ▧ 손님을 집으로 초대해서 대접함
- ▧ 하나님이 불가능한 일을 하실 것을 믿음

기타: ______________________

타인의 삶의 필요를 채우도록 하나님께 쓰임받는 것은 특별한 영예입니다. 그 기쁨을 안다면 당신은 하나님이 매일 당신을 사용하실 거라는 소망을 가지고 매일 아침 침대에서 가뿐하게 일어날 것입니다. 이것은 단순히 돈을 많이 벌고 큰 집을 사고 자녀를 야구연습에 데려다 주는 것 보다 더 큰 삶의 이유를 제공할 것입니다. 당신은 다른 사람에게 줄 선물-생명의 선물을 하나님께 받은 것입니다.

주님이 목장에서 역사하실 것을 기대하십시오. 당신을 사용해서 다른 사람들에게 복이 되게 하신 하나님께 감사하십시오. 당신의 삶을 100% 그분께 헌신하시고, 다른 사람을 섬기는데 있어 그분이 하라고 하시는 것은 무엇이든지 하겠다고 다짐하십시오.

2일 당신은 제사장입니다

성경읽기: 요한계시록 1:6; 베드로전서 2:5, 9 10; 고린도후서 5:11-20

지난 과에서 봤듯이 당신은 목회자입니다. 하나님의 사역을 하는 사람으로서 당신은 또한 '대표자'(representative)입니다. 식당에 가보면, 계산하는 사람과 웨이터나 웨이트리스와 같이 전면에서 일하는 종업원들이 그 식당을 대표합니다. 그들의 역할 중의 하나는 식당과 주인을 위해 긍정적이고 매력적인 이미지를 나타내는 것입니다. 마찬가지로 크리스천으로서 여러분은 하나님의 대표자입니다.

성경에 나오는 제사장의 이미지를 통해 당신이 세상을 대표하는 방법을 생각해 볼 수 있습니다. 많은 성경구절이 당신을 제사장으로 묘사합니다. 예를 들어, 요한계시록 1:6은 예수님께서 **"우리로 하여금 나라가 되게 하시어 자기 아버지 하나님을 섬기는 제사장"**으로 삼으셨다고 합니다. 예전에 우리가 배운 **파이스**라는 단어가 기억나십니까? 하나님의 자녀이면서 동시에 종이라고 배웠지요. 이제 거기에 '제사장'이란 칭호를 더하십시오. 당신은 하나님의 자녀이며, 종이며, 또한 제사장입니다.

제사장은 사람들에게 하나님을 대표하고, 하나님께 사람들을 대표하는 사람입니다. 베드로는 당신에게 말합니다. **"살아 있는 돌과 같은 존재로서 여러분**

도 집 짓는 데 사용되어 신령한 집이 됩니다. 그래서 여러분은 예수 그리스도로 말미암아 하나님께서 기쁘게 받으실 신령한 제사를 드리는 거룩한 제사장이 되십니다... 그러나 여러분은 택하심을 받은 족속이요, 왕과 같은 제사장들이요, 거룩한 민족이요, 하나님의 소유가 된 백성입니다. 그래서 여러분을 어둠에서 불러내어 자기의 놀라운 빛 가운데로 인도하신 분의 업적을, 여러분이 선포하는 것입니다. 여러분이 전에는 하나님의 백성이 아니었으나, 지금은 하나님의 백성이요, 전에는 자비를 입지 못한 사람이었으나, 지금은 자비를 입은 사람입니다"(베드로전서 2:5, 9, 10).

위의 말씀을 참고하여 빈칸을 채워 보십시오. 성경은 당신을 무엇이라고 말하고 있습니까?

여러분은 ______ ______ ______ 을 받은 족속이요,

______ 과 같은 ______ ______ ______ 들이요,

거룩한 ______ ______ 이요, ______ ______ ______ 의

소유가 된 ______ ______ 입니다.

위의 구절에 의하면, 하나님은 왜 우리를 그분의 왕과 같은 제사장으로 부르셨습니까?(해당되는 것에 ✓하세요)

- ☐ 놀라운 빛 가운데로 거하는 것을 경험하지만 그것에 대해 침묵하도록
- ☐ 오직 가족에게만 이 메시지를 나누도록
- ☐ 하나님께서 어떻게 우리를 어둠에서 불러내셨는지 사람들에게 선포하도록

당신은 하나님의 놀라운 빛을 온전히 경험하고 그것을 가족과 나누어야 합니다. 제사장은 아버지가 하신 일을 다른 사람들과 나누도록 부르심을 받은 것입니다.

제사장은 늘 하나님을 가까이서 모셔야 하기 때문에 반드시 거룩해야 합니다. 하지만 우리의 의는 율법을 지킨 결과가 아닙니다. 대신, 예수님께서 오셔서 우리 안에 내재하시어 우리의 의가 되시므로 우리가 거룩한 것입니다. 따라서 제사장이 사역할 때 거룩한 예복을 걸치는 것처럼, 우리도 사역할 때 예수님이라는 거룩한 예복을 걸치는 것입니다.

당신은 제사장입니다. 이것은 당신이 하나님을 사람들에게 소개하고, 사람들을 하나님께로 인도하는 중계자로서 지속적으로 섬길 것을 의미합니다. 예전의 목사님들의 집회에 초대된 텍사스 서부의 한 나이 많은 카우보이는 목사들에게 이렇게 말했습니다. "여러분, 하나님께서 여러분들을 그분의 종으로 부르셨다면 왕이나 대통령같이 당당하십시오!" 한 손에는 하나님의 손을 잡고 다른 한 손으로는 그분의 은사를 나타내며 넘어진 사람들을 일으키는 것보다 더 가치 있는 일이 또 무엇이 있겠습니까?

바울은 또한 대사라는 단어를 사용하여 제사장과 대표자로서의 우리의 사역을 설명합니다. **"그러므로 우리는 그리스도의 사절입니다. 하나님께서는 우리를 시켜서 여러분에게 권고하십니다. 우리는 그리스도를 대리하여 간청합니다. 여러분은 하나님과 화해하십시오"**(고린도후서 5:20). 대사로서 우리는 하나님을 위해 갑니다. 그러나 사실은 하나님이 우리를 통해 가시는 것입니다. 우리는 세상에서 하나님을 대신해서 다른 사람을 위해 일하는 대사입니다.

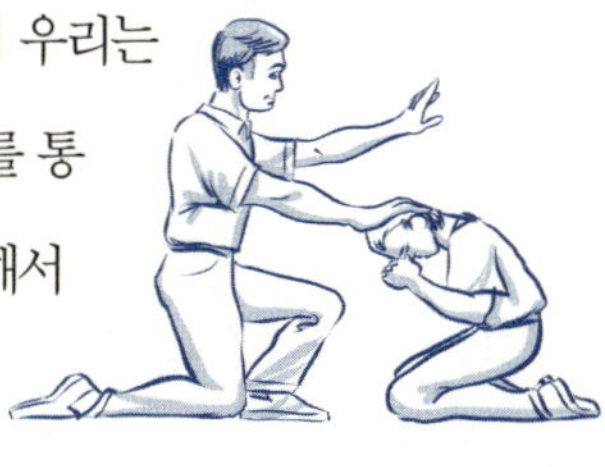

여러분의 교회나 목장에 속한 사람들이 제사장이나 대사로서 상처받은 사람들을 위해 어떻게 일하는 것을 봅니까?(해당되는 것에 ✓하세요)

- ☐ 비신자를 위해 기도
- ☐ 하나님이 필요한 사람과 친구되기
- ☐ 비신자를 저녁식사에 초대
- ☐ 예수님의 사랑을 나눔

기타: ______________________

____

당신이 어떻게 하나님을 대표하고 있는지, 어떻게 대표하고 싶은지 '경청의 방'에서 생각해 보십시오. 무엇을 바꿔야 합니까?

____

____

____

3일 사역자로 준비되기

성경읽기: 디모데후서 2:15; 히브리서 13:20-21; 디모데후서 3:16-17

사역자가 되기 위하여 당신은 필요한 훈련을 받아야 합니다. 디모데후서 2:15은 다음과 같이 풀어 쓸 수 있습니다. **"자격을 갖추지 못하고, 필요한 기술이 없어 부끄러운 일꾼이 아니라 진리의 말씀을 사용할 줄 아는, 열심을 품은 일꾼으로 최선을 다해 하나님께 자신을 힘써 드리십시오."**

믿음생활을 할 때 효과적으로 섬길 수 있도록 훈련받고 준비되는 것은 무엇보다도 중요합니다. 우리는 목장이 하나님의 군대라는 것을 이미 배웠습니다. 군대에 들어오면 제일 먼저 훈련소로 보내집니다.

제가 몇 년 동안 가르쳤던 신학교가 있던 도시에 신병훈련소가 있었습니다. 제가 타지에 갔다가 집으로 가려고 비행기를 타면 그 안에는 '신병훈련소'로 가는 젊은 남녀들로 가득 차 있었습니다. 그들은 한결같이 지저분한 외모에 머리는 다듬지 않아 장발이고, 아무렇게 자란 턱수염, 그리고 냄새나는 옷을 입고 있습니다. 그것이 그들의 전형적인 모습이었습니다.

하지만 제가 출장을 가기 위해서 비행기를 탈 때 보면, 그 비행기 안에는 이제 훈련을 마치고 떠나는 군인들로 가득합니다. 그들은 몇 개월의 훈련을 마치고 배속 받은 부대로 이동하는 것입니다. 그 모습이 얼마나 다르던지요! 잘 다려진 제복에 짧은 머리, 그리고 위풍당당한 그들의 모습은 매우 인상적입니다. 그들이 예전에 비행기에서 봤던 그런 사람들이었다는 것이 믿기 어려울 정도입니다.

전쟁에서 작전에 참여하러 갈 때 우리는 우리 옆에 있는 사람들이 효과적으로 행동할 것이라는 것을 신뢰해야 합니다. 위험한 순간에 우리는 주위의 동료들을 믿고 의지할 수 있어야 합니다. 이런 이유로, 당신은 주님께 명확한 헌신의 결심을 해야합니다. "자격을 갖춘 자로 최선을 다해 하나님께 자신을 힘써 드리자." 그래서 사역을 위해 양육훈련 받는 것은 매우 중요합니다. 여러분들의 헌신적인 투자를 요구합니다. 하나님은 이미 그분의 일을 하고 계십니다.

히브리서 13:20-21에 따르면 우리를 양육훈련 시키는 궁극적인 원천은 누구입니까?(해당되는 것에 ✓하세요)

☐ 목자 ☐ 목사 ☐ 주 예수님

물론 '양들의 위대한 목자'이신 우리 주 예수님이십니다. 당신은 그분의 양이며, 그분은 **'온갖 좋은 일에 어울리게 다듬질해 주셔서 자기의 뜻을 행하게'** 하십니다. 그분은 여러분의 목자와 목사를 사용해서 훈련시키시지만, 그분이 모든 좋은 일의 궁극적인 원천입니다.

기대할 수 있는 것

당신이 양육받기를 헌신한다면 두가지 일이 생길 것입니다. 먼저 당신은 성장할 것입니다. 이미 당신은 '새로운 삶'을 통해 영적 성장의 여정을 시작했습니다. 아마 당신의 사고체계와 행동에 많은 변화가 있음을 느끼고 있을 것입니다. 당신은 앞으로도 더욱 그리스도를 닮아갈 것입니다. 성장은 계속될 것이고 계속 되어야 합니다. 그러나 '새로운 삶'은 그 여정 가운데 한 단계일 뿐입니다. 앞으로, 또 다른 분야에서도 훈련이 필요하다는 것을 느낄 것입니다. 계속해서 다음 단계의 훈련으로 나아가십시오.

둘째로, 사탄은 어떤 수를 써서라도 당신이 성장하겠다는 결단을 방해할 것입니다. 사탄이 속이고 실망시키는 여러가지 방법을 의식하십시오. 사탄의 유혹에 굴복해서 제자리에 머물 이유가 없습니다. **당신은 성장할 수 있습니다!**

디모데후서 3:16-17을 읽고 지속적인 성장을 확실히 하는 하나의 방법을 발견하십시오. 이 구절이 당신의 영적 성정에 대해 무엇을 얘기합니까?

성경을 매일 읽고 묵상하고 적용하기로 결단했습니까? '경청의 방'으로 가서 당신의 마음과 진정한 동기를 보여주시도록 기도하십시오.

디모데후서 2:11-13에서, 바울은 행동과 결과를 연결합니다. 빈칸을 채우고 당신을 점검하십시오.

우리가 주님과 함께 ________ ________ 으면, 우리도 또한 그분과

함께 ________ 것이요,

우리가 참고 ________ ________ 면, 우리도 또한 그분과 함께

________ ________ ________ 것이요,

우리가 그분을 ________ ________ 하면,

그분도 또한 우리를 ________ ________ 하실 것입니다.

우리가 ________ ________ 하지 못하더라도,

그분은 언제나 ________ ________ 하십니다. 그분은 자기를

부인할 수 없으시기 때문입니다.

4일 멘토가 되기

성경읽기: 로마서 15:14; 디모데후서 2:1-2

"나의 형제자매 여러분, 나는, 여러분 마음에 선함이 가득하고, 온갖 지식이 넘쳐서, 서로 권면할 능력이 있음을 확신합니다"(로마서 15:14).

위 구절에 따르면, 당신은 다른 그리스도인의 성장을 도울 수 있습니다. 한 가지 방법은 목장에서 믿음이 약한 사람들에게 당신이 멘토가 되어 주는 것입니다. 우리는 다른 사람의 도움 없이 성장할 수 없기 때문에, 믿음이 약한 목장식구들은 당신의 일대일 도움이 필요합니다.

'멘토'는 '인도자'로 섬기면서 다른 목장식구를 격려하고 돕는 사람입니다. 목장에서 목자 한 사람만이 멘토가 되는 것은 아닙니다. 당신이 누군가의 멘토가 되어 주어야 합니다. 또한 동시에 멘토는 또 다른 누군가를 자신의 멘토로 가지고 있어야 합니다. 목장에 처음 참석할 때 누군가가 당신의 멘토가 되어 주었을 것입니다. 이제 당신이 배운대로 새로운 사람의 멘토가 되어 주어야 합니다. 즉 당신은 사랑과 사역의 살아 있는 사슬로 다른 사람과 연결되는 것입니다.

모든 그리스도인은 양육을 받는 동시에 멘토가 되어 다른 사람을 양육하겠다는 두 역할에 대한 목표를 가져야 합니다. 이렇게 함으로 당신은 주면서 동시에 받는 것입니다. 목자가 당신이 멘토가 되어 섬길 사람을 연결해 줄 것입니다. 이 사역은 대단한 특권입니다.

당신은 멘토가 됨으로써 성장합니다

멘토가 되는 것은 당신의 영적 성장에 매우 중요합니다. 그리스도인으로 성장하기 위해서는 다른 사람의 섬김을 받은 후에, 당신 자신을 주는 것을 배워야 합니다. 더구나 멘토링은 목장식구들의 관계에 의해 유지되는 목장의 삶에 있어 필수적입니다. 멘토링은 목장식구가 목장에 적응하지 못하거나, 문제가 있거나, 죄를 지었을 때 자동적으로 보살핌이 제공되게 합니다. 당신이 그 사람을 섬기다가 힘이 부쳐서 도움이 필요하다면 당신 멘토의 도움을 받을 수 있습니다.

멘토가 된다고 가르칠 필요는 없습니다

멘토의 주된 일은 관계를 세우는 것입니다. 당신은 교사가 될 필요는 없으며 단지 관심을 가진 친구가 되면 됩니다. 멘토는 자기가 돌보는 사람과 정기적인 접촉을 가져야 합니다. 이것은 목장모임 밖에서 이루어져야 합니다. 모두에게 편한 시간과 장소를 정하십시오. 필요하면 전화로 연락하십시오. 물론 목자의 가이드 없이 마음대로 해서는 안 됩니다. 이런 일에는 리더의 허락과 도움이 필요합니다.

멘토 관계를 위한 제언

❶ 기도로서, 그리고 목장모임과 예배 참석으로 서로 받쳐 주십시오.

❷ '경청의 방' 시간을 갖는 것을 서로 도우십시오.

❸ 삶 공부를 지속적으로 하도록 격려하십시오.

❹ 서로 도와서 비신자 친구를 같이 방문하십시오.

❺ 6개월에 적어도 한 명을 목장이나 교회로 인도하십시오. 신자의 가장 중요한 일은 잃은 영혼을 구주께로 인도하는 것임을 항상 기억하며 비신자 친구나 가족을 위해 같이 기도하십시오.

목장 기도 사슬의 연결고리로 작용하십시오

우리는 목장의 다른 식구들과 기도 사슬로 연결되어 있습니다. 염려나 문제가 생기면 기도 사슬을 통하여 나누십시오.

목장식구에게 위급한 일이 생길 경우가 있을 것입니다. 목자에게 전화하면 연락망이 작동해서 목장의 모든 목장식구에게 전달됩니다. 목자가 병원에 갔을 때, 이미 목장식구 몇이 그곳에 와 있는 것을 목격하곤 합니다. 우리를 보고 있는 비신자들에게 우리가 보여줄 수 있는 가장 강력한 증거는 우리의 사랑(아가페)과 다른 사람에 대한 관심입니다. 수세기 전에 '플리니'라는 비신자는 당시의 가정교회로 이루어진 교인들을 보며 다음과 같이 말했습니다. **"그들이 서로 얼마나 사랑하는지 보라. 그들이 서로를 위해 할 수 없는 것은 아무 것도 없다!"**

5일 흩어진 밭

성경읽기: 마태복음 28:18-20; 사도행전 1:8; 로마서15:19-23

오늘 성경구절을 잘 생각하며 읽고 다음 문장들을 깊이 생각하십시오.

① 예수님께서는 제자 만드는 사역을 하나님의 모든 자녀에게 맡기셨습니다.

분명히 당신도 포함합니다. 우리의 주요 임무는 사람들을 하나님 나라로 인도하는 것입니다. '민족'이라는 말은 지역적인 나라가 아니라 인종을 뜻합니다. 모든 민족이 복음을 들을 때 마지막이 올 것이라는 것을 사탄은 알고 있습니다. 그래서 사탄은 '문화가 달라서 접근하기 어렵다'라는 우리 스스로 만든 담에 우리를 가둬 놓고 있습니다. 오늘 날에도 세상에는 그리스도의 증인이 한 사람도 없는 지역이 있습니다. 우리는 이런 사람들에게 복음을 전하도록 부르심을 받았습니다.

사도행전 1:8에서 예수님께서는 제자들에게 지금 있는 곳인 예루살렘에서 시작하여 제자를 만들라고 하셨습니다. 그리고는 온 유대에 있는 사람들에게 가라고 하셨습니다. 유대는 예루살렘을 둘러싸고 있는 지역이었습니다. 다음에 그들은 유대인들이 경멸하던 사람들이 살던 이웃 나라인 사마리아로 갈 것이었습니다. 마지막으로 그들은 '땅끝까지' 갈 것이었습니다.

이 명령은 당신과 나에게도 주신 것입니다. 아래의 지역이 당신에게는 어떤 민족인지 써보십시오.

예루살렘(당신의 도시):
유대(당신의 지역):
사마리아(이웃 나라):
땅 끝(지구 반대편에 있는 나라?):

주님께서 당신을 다른 지역으로 보내셔서 불신자들에게 그분의 사랑을 나누라고 하실지 모릅니다. 가까운 곳일 수도 있고 먼 곳일 수도 있습니다. 기꺼이 가시겠습니까? 요즈음에는 어느 곳이나 타 민족 사람들을 쉽게 만날 수 있습니다. 예를 들어, 제가 살고 있는 텍사스주 휴스턴에는 92개의 민족이 있습니다. 많은 민족들이 크리스천과 접촉이 전혀 없이 살고 있습니다.

제가 싱가포르에 있을 때 교회의 한 그룹은 자기들이 사는 곳에서 걸어서 갈 수 있는 곳에 있는 한 고층 아파트에 사는 사람들을 염두에 두었습니다. 그들은 곧 그 지역을 방문해서 그들의 '유대'에 새로운 그룹을 개척했습니다.

또 다른 그룹은 한 시간 거리의 그리스도인이 전혀 없는 지역으로 갔습니다. 그들은 이 지역을 '사마리아'라고 불렀습니다. 주말에 이 지역을 방문해서 사람들을 만나고 새로운 그룹을 만들었는데, 곧 몇 개의 그룹이 세워졌습니다. 이와 같이 가정교회에는 어떤 지역적인 장벽이 없습니다.

❷ 그리스도를 위해 전도사역은 끝이 있을 수 없습니다.

여정의 막바지에 다다른 바울은 그가 개척한 교회를 만족하면서 되돌아보았습니다. 그는 이렇게 썼습니다. "그래서 나는, 예루살렘에서 일루리곤에 이르기까지 두루 다니면서, 그리스도의 복음을 남김없이 전파하였습니다." 그에게는 갈 곳이 한 곳 더 있었습니다. 그에게 '땅끝'은 스페인이었습니다.

바울이 이렇게 얘기할 때 특별한 크리스천이었던 것은 아닙니다. "나는 이와 같이, 그리스도의 이름이 알려진 곳 말고, 알려지지 않은 곳에서 복음을 전하는 것을 명예로 삼았습니다." 우리도 마음 속에 이런 열정을 가져야 합니다.

가정교회 교인들이 이렇게 할 수 있는 세 가지 방법이 있습니다. 첫 번째 방법은 다른 목원들과 함께 잃은 영혼을 전도해서 정기적으로 분가하는 것입니다. 두 번째 방법은 자신이 사는 주위 지역에서 사역하라는 하나님의 부르심을 듣고 목장을 개척하는 것입니다. 세 번째 방법은 하나님께서 몇 사람을 가정교회 개척자로 불러서 '땅끝까지' 보내는 것입니다.

이런 것이 이루어질 때 우리는 하나님께서 우리에게 맡기신 것에 대한 충실한 청지기가 됩니다. 만약 우리가 직접 가지 않는다면 우리는 모두 하나님이 복음을 전파하라고 보내신 자들을 위해 "알맞은 때에 적절히 배분하는" 주님의 **오이코노모스** 종이 되어야 합니다. 한 목장식구가 말했습니다. "저는 다른 사람들을 돕기 위해 검소하게 사는 것을 배웠습니다"(I have learned to live simply, in order that others can simply live).

위 성경구절을 다시 읽으십시오. '경청의 방'에 가서 하나님께서 당신에게 하라고 하신 것에 대해 말씀하시는 것을 들으십시오. 당신의 생각을 아래에 적으십시오.

복습질문

❶ - 1 교회 지도자의 역할은 무엇인가요?

❶ - 2 하나님이 주시는 특별한 영예는 무엇입니까?

❷ - 1 제사장은 누구입니까?

❷ - 2 제사장으로서 우리가 해야 할 일은 무엇입니까?

❸ - 1 사역자로 섬기기 위해 처음 해야 하는 일은 무엇입니까?

❸-2 양육받기로 결심한 뒤 생기는 두 가지는 무엇입니까?

❹-1 멘토의 가장 큰 유익은 무엇인가요?

❹-2 내가 멘토가 되는데 가장 문제가 되는 것은 무엇인가요?

❺-1 전도할 때 기억해야 하는 원리는 무엇인가요?

❺-2 땅끝으로 가서 전도하는 세 가지 방법은 무엇입니까?

“암송구절”

1주 (에베소서 2:19-20)

그러므로 이제부터 여러분은 외국 사람이나 나그네가 아니요, 성도들과 함께 시민이며 하나님의 가족입니다. 여러분은 사도들과 예언자들이 놓은 기초 위에 세워진 건물이며, 그리스도 예수가 그 모퉁잇돌이 되십니다.

2주 (로마서 8:38-39)

나는 확신합니다. 죽음도, 삶도, 천사들도, 권세자들도, 현재 일도, 장래 일도, 능력도, 높음도, 깊음도, 그 밖에 어떤 피조물도, 우리를 우리 주 예수 그리스도 안에 있는 하나님의 사랑에서 끊을 수 없습니다.

3주 (히브리서 11:13)

이 사람들은 모두 믿음을 따라 살다가 죽었습니다. 그들은 약속하신 것을 받지는 못했지만, 그것을 멀리서 바라보고 반겼으며, 땅에서는 길손과 나그네 신세임을 고백하였습니다.

4주 (요한1서 4:16-17)

하나님은 사랑이십니다. 사랑 안에 있는 사람은 하나님 안에 있고 하나님도 그 사람 안에 계십니다. 사랑이 우리에게서 완성되었다는 사실은 이 점에 있으니, 곧 우리로 하여금 심판 날에 담대함을 가지게 하려는 것입니다.

5주 (마태복음 20:26-27)

너희 가운데서 위대하게 되고자 하는 사람은 누구든지 너희를 섬기는 사람이 되어야 하고, 너희 가운데서 으뜸이 되고자 하는 사람은 너희의 종이 되어야 한다.

6주 (갈라디아서 2:20)

나는 그리스도와 함께 십자가에 못박혔습니다. 이제 살고 있는 것은 내가 아닙니다.
그리스도께서 내 안에서 살고 계십니다. 내가 지금 육신 안에서 살고 있는 삶은,
나를 사랑하셔서 나를 위하여 자기 몸을 내어주신 하나님의 아들을
믿는 믿음 안에서 살아가는 것입니다.

7주 (베드로전서 1:18-19)

여러분은 조상으로부터 물려받은 여러분의 헛된 생활방식에서 해방되었습니다.
여러분도 아시지만, 그것은 은이나 금과 같은 썩어질 것으로 된 것이 아니라,
흠이 없고 티가 없는 어린 양의 피와 같은 그리스도의 귀한 피로 되었습니다.

8주 (야고보서 1:22-23)

말씀을 행하는 사람이 되십시오. 그저 듣기만 하여
자신을 속이는 사람이 되지 마십시오. 말씀을 듣고도 행하지 않는 사람은
있는 그대로의 자기 얼굴을 거울 속으로 들여다보기만 하는 사람과 같습니다.

9주 (고린도후서 4:4)

그들의 경우를 두고 말하면, 이 세상의 신이
믿지 않는 자들의 마음을 어둡게 하여서, 하나님의 형상이신
그리스도의 영광을 선포하는 복음의 빛을 보지 못하게 한 것입니다.

10주 (에베소서 6:12)

우리의 싸움은 인간을 적대자로 상대하는 것이 아니라, 통치자와 권세자들과
이 어두운 세계의 지배자들과 하늘에 있는 악한 영들을 상대로 하는 것입니다.

11주 (빌립보서 3:12)

나는 이것을 이미 얻은 것도 아니며, 이미 목표점에 다다른 것도 아닙니다.
그리스도 예수께서 나를 사로 잡으셨으므로, 나는 그것을 붙들려고 좇아가고 있습니다.